1921-2021
厦门大学
XIAMEN UNIVERSITY

厦门大学百年校庆系列出版物

百年院系史系列

厦门大学
马克思主义学院院史

侯利标　李小平　编著

厦门大学出版社 XIAMEN UNIVERSITY PRESS | 国家一级出版社 全国百佳图书出版单位

图书在版编目(CIP)数据

厦门大学马克思主义学院院史/侯利标,李小平编著.—厦门:厦门大学出版社,2021.10

(百年院系史系列)

ISBN 978-7-5615-8383-8

Ⅰ.①厦… Ⅱ.①徐… Ⅲ.①学院—校史—厦门大学 Ⅳ.①G649.285.73

中国版本图书馆 CIP 数据核字(2021)第 192892 号

出 版 人 郑文礼
责任编辑 文慧云
封面设计 李嘉彬
技术编辑 朱 楷

出版发行 厦门大学出版社
社 址 厦门市软件园二期望海路 39 号
邮政编码 361008
总 机 0592-2181111 0592-2181406(传真)
营销中心 0592-2184458 0592-2181365
网 址 http://www.xmupress.com
邮 箱 xmup@xmupress.com
印 刷 厦门集大印刷有限公司

开本 720 mm×1 000 mm 1/16
印张 14.25
插页 2
字数 250 千字
版次 2021 年 10 月第 1 版
印次 2021 年 10 月第 1 次印刷
定价 60.00 元

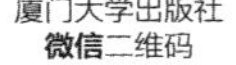
厦门大学出版社
微信二维码

厦门大学出版社
微博二维码

总 序

厦门大学 党委书记 张 彦
校 长 张 荣

2021年4月6日，厦门大学百年华诞。百载风雨，十秩辉煌，这是厦门大学发展的里程碑，继往开来的新起点。全校师生员工和海内外校友满怀深情地期盼这一荣耀时刻的到来。

为迎接百年校庆，学校在三年前就启动了“百年校庆系列出版工程”的筹备工作，专门成立“厦门大学百年校庆系列出版物编委会”，加强领导，统一部署。各院系、部门通力合作，众多专家学者和相关单位的工作人员全身心地参与到这项工作之中。同志们满怀高度的责任感和紧迫感，以“提升质量，确保进度，打造精品”为目标，争分夺秒，全力以赴，使这项出版工程得以快速顺利地进行。在这个重要的历史时刻，总结厦大百年奋斗历史，阐扬百年厦大“四种精神”，抒写厦大为伟大祖国所做出的突出贡献，激发厦大人的自豪感和使命感，无疑是献给百岁厦大最好的生日礼物。

“百年校庆系列出版工程”包括组织编撰百年校史、百年组织机构史、百年院系史、百年精神文化、百年学术论著选刊、校史资料与学生名录……有多个系列近150种图书将与广大读者见面。从图书规模、涉及领域、参编人员等角度看，此项出版工程极为浩大。这些出版物的问世，将为学校留下大量珍贵的历史资料，为学校深入开展校史教育提供丰富生动的素材，也将为弘扬厦门大学“自强不息，止于至善”校训精神注入时代的新鲜血液，帮助人们透过“中国最美大学校园”

的山海空间和历史回响，更加清晰地理解厦门大学在中国发展进程中发挥的独特作用、扮演的重要角色，领略“南方之强”的文化与精神魅力。

百年校庆系列出版物将多方呈现百年厦大的精彩历史画卷。这些凝聚全校师生员工心血的出版物，让我们感受到厦大人弦歌不辍的精神风貌。图文并茂的《厦门大学百年校史》，穿越历史长廊，带领我们聆听厦大不平凡百年岁月的历史足音。《为吾国放一异彩——厦门大学与伟大祖国》浓墨重彩地记述厦门大学与全国34个省级行政区以及福建省九市一区一县血浓于水的校地情缘，从中可以读出厦门大学在中华民族伟大复兴征程中留下的深深烙印。参与面最广的“厦门大学百年院系史系列”、《厦门大学百年组织机构史》，共有30多个学院和直属单位参与编写，通过对厦门大学各学院和组织机构发展脉络、演变轨迹的细致梳理，深入介绍厦门大学的党建工作、学科建设、人才培养、组织管理、社会服务等方面的发展历程，展示办学成就，彰显办学特色。《厦门大学校史资料选编（1992—2017）》和《南强之星——厦门大学学生名录（2010—2019）》，连同已经出版的同类史料，将较完整、翔实地展现学校发展轨迹，记录下每位厦大学子的荣耀。“厦门大学百年精神文化系列”涵盖人物传记和校园风采两大主题，其中《陈嘉庚传》在搜集大量史料的基础上，以时代精神和崭新视角，生动展现了校主陈嘉庚先生的丰功伟绩。此次推出《林文庆传》《萨本栋传》《汪德耀传》《王亚南传》四部厦门大学老校长传记，是对他们为厦大发展所做出的突出贡献的深切缅怀。厦大校友、红军会计制度创始人、中国共产党金融事业奠基人之一高捷成的传记《我的祖父高捷成》，则是首次全面地介绍这位为中国人民解放事业做出杰出贡献的烈士的事迹。新版《陈景润传》，把这位“最美奋斗者”、“感动中国人物”、令厦大人骄傲的杰出校友、世界著名数学家不平凡的人生再次展现在我们眼前。抒写校园风采的《厦门大学百年建筑》、《厦门大学餐饮百年》、《建南大舞台》、《芙蓉园里尽芳菲》、《我的厦大老师》（百年华诞纪念专辑）、《创新创业厦大人2》、

《志愿之光》、《让建南钟声传响大山深处》、《我的厦大范儿》以及潘维廉的《我在厦大三十年》等，都从不同的角度，引领我们去品读厦门大学的真正内涵，感受厦门大学浓郁的人文精神和科学精神。

此次出版的“厦门大学百年学术论著选刊”，由专家学者精选，重刊一批厦大已故著名学者在校工作期间完成的、具有重要价值的学术论著（包括讲义、未刊印的论著稿本等），目的在于反映和宣传厦门大学百年来的学术成就和贡献，挖掘百年来厦门大学丰厚的历史积淀和传统资源，展示厦门大学的学术底蕴，重建“厦大学派”，为学校“双一流”建设提供学术传统的支撑。学校将把这项工作列入长期规划，在百年校庆时出版第一辑共40种，今后还将陆续出版。

“自强！自强！学海何洋洋！”100年前，陈嘉庚先生于民族危难之际，抱着“教育为立国之本，兴学乃国民天职”的信念，创办了厦门大学这所中国历史上第一所由华侨独资建设的大学。100年来，厦大人秉承“研究高深学术，养成专门人才，阐扬世界文化”的办学宗旨，在实现中华民族伟大复兴的征程上书写自己的精彩篇章。我们相信，当百年校庆的欢庆浪潮归于平静时，这些出版物将会是一串串熠熠生辉的耀眼珍珠，成为记录厦门大学百年奋斗之旅的永恒坐标，成为流淌在人们心中的美好记忆，并将不断激励我们不忘初心继承传统，牢记使命乘风破浪，向着中国特色世界一流大学目标奋勇前行！

张彦　张荣

2020年12月

厦门大学百年院系发展概述

朱水涌

100年在历史长河中只是短暂的一瞬,但对于一所中国现代大学以及这所大学的学院科系来说,则意味着经历过极不平凡的历程。百年学府沧桑、十秩院系辉煌,为迎接厦门大学建校百年华诞,学校决定编撰出版"厦门大学百年院系史"系列,梳理淬炼院系的建设发展历程,以史为鉴,彰往考来,将院系的昨天、今天与明天联系在一起,发扬踔厉,这是一件极富建设意义与厦大特色的历史性工程。

一

20世纪初的中国,正如校主陈嘉庚所言:"吾国今处在列强肘腋之下,成败存亡千钧一发。"就在这千钧一发之际,为救国而创办大学成为一道时代的特别风景。马相伯因"慨自清廷外交凌智"而创办震旦学院(复旦前身)[①],南开大学的创办者因国家的"贫弱"是因为"教育未能发展"而创立南开[②],唐文治执掌交通大学砥砺第一等人才,目的就是"宏济艰难,救我中国"[③]。厦门大学校主陈嘉庚则在《筹办厦门大学演讲词》中直截了当地指出:"今日国势危如累卵,所赖以维持者,惟此方兴之教育与未死之民心耳。"出自民族救亡而诞生的中国现代大学,在她向欧美学习现代大学的办学时,一开始便融入了民族救

① 《复旦大学百年志》编纂委员会:《复旦大学百年志(1905—2005)》,复旦大学出版社2005年版,第9页。

② 《南开大学校史资料选》,南开大学出版社1989年版,第12页。

③ 唐文治:《上海交通大学第三十届毕业典礼训词》,载《茹经堂文集》三编卷一。

亡图存的历史内涵和办学志向，民族振兴的需求与国家最需要的人才，成了中国现代大学初创时学科与专业设置的重要出发点，呈现出中国现代大学鲜明的中国特色。这里，当年的创办者与一校之长的救国思想与办学理念产生了重要作用。

厦门大学创校时期选择的教学体制沿用了近代英国大学学制，但在科系组成与学科设置上却没有完全按英国大学的体制与模式，与民国时期的各大学一样，当时并没有很强的专业观念，而依照时代与国家的急需人才设立科系。厦大建校初期，科系成型时的学科最初形态是文科设 8 个系，理科设 6 个系，工科归理科，其中的教育、工、商、新闻，都是那个危机时代国家急需人才的学科。

1930 年 2 月，在通过国民政府大学院立案后两年，厦门大学遵照国民政府教育部令，将“科”改为学院，设 5 个学院 21 个学系。至此，经过近 10 年的建设，厦门大学具备了较为完备的院系体制，开始以院系这样一种与世界接轨的基本单元建构教学科研体制，开展“研究高深学术，培养专门人才，阐扬世界文化”，厦大的多学科性业已形成。

1929 年，世界经济危机爆发，陈嘉庚公司每况愈下，1934 年 1 月公司被迫收盘。这期间虽然有厦大教职员的半年捐薪活动，有陈嘉庚的“出卖大厦办厦大”惊世壮举，厦门大学的办学经费还是难以为继。在此情况下，厦大及时调整院系结构，以系科合并的方式突围经济上的窘迫，推进学科的艰辛运转。至私立时期的最后几年，全校 5 个学院压缩成文学、理学、法商 3 个学院，21 个系经合并与撤销浓缩为 9 个学系。尽管这种合并是无奈之举，从数字上看办学规模是缩小了，但这次的学科浓缩却无意中为学科的整合、为打破欧美当年系科划分过细的弊端打下了基础。

建校时期厦门大学的院系建设与学科发展，按国民政府大学院调查专家的看法，在全国高校中有“方之他处，有过无不及”[①]的优势。这一时期，林文庆主持制定的《厦门大学校旨》（以下简称《校旨》）明确指出：“本大学之主要目的，在博集东西各国之学术及其精神，以研究一切现象之底蕴与功用，同时并阐发中国固有学艺之美质，使之融会贯通，成为一种最新最完善之文化。”《校旨》从大学文化的建构出发，鲜明地提出厦门大学办学的理念与目标。与这个理念和目标相联系，厦大初期的院系与学科、专业的建设，有如下几个特点：

---

① 《厦门大学十周年纪念刊》（1931 年 4 月），载《厦门大学校史》第 1 卷，厦门大学出版社 1987 年版，第 94 页。

其一是注重“功用”，“切于实用”，培养国家、民族稀缺人才。《校旨》提出教学“以切于实用，造就应用科学人才为前提”。建校初期，教育学占有举足轻重的位置，原因如《校旨》所言：“我国目下师资及教育专门人才甚为缺乏，故对于教育系特加注意，以期养成良好师资及教育界领袖，因以提高一般教育之程度。”[①]陈嘉庚的信念是“国家之富强，全在乎国民，国民之发展，全在乎教育”[②]，他办厦门大学一个重要的担当就是要纠正当年教育的“偏估”与“颓风”，解决中国教育缺乏新知识新思想师资的问题，以免“国粹日稀，精神日减，必至无救药之惨痛”。厦大商学与工学的较早创设与运行，也都体现了这样一种办学理念。这个特点，奠定了厦门大学从国家需要建设专业发展学科的厚重底色。

其二是博集东西精神、阐发中国学艺之美质、“研究高深学术”的学科特色。厦大成立时，《厦门大学组织大纲》明确表明厦大的三大任务之一是研究高深学术。林文庆在《校旨》中具体指出要建设科学研究机关，厦大要“成为我国南部之科学中心点”[③]；院系体制形成后，厦大各学院在其“学院学则”的第一条“宗旨”中都一致性地提出“以培养专门人才，研究高深学术为宗旨”[④]，这表明厦大建校初期就具备浓厚的学科建设意识。而且，在西学东渐、中西文化激烈论争与冲突的情势下，厦大独到地提出“阐发中国固有学艺之美质”和“首重国文”的主张，这也就形成了厦门大学学科建设中注重本土资源与文化精神的中国特色。文科的国学研究与理科的生物学研究是这方面的范例。1926年创建的国学研究院被认为是“大有北大南移之势”，是当年全国国学研究的中心之一。其影响不仅在于大师云集、研究规划与实际成果，更重要的是厦大国学研究体现了五四时期“重估价值”的精神，它的学科新范畴，研究问题的新方法、新史料和新观点，代表了五四之后国学研究的新趋势。植物系与动物系同样引起全国乃至世界的关注，尤其是结合本土地理优势的海洋生物研究更是锋芒毕露。1923年厦大美籍教授莱德的论文《厦门大学附近之文昌鱼渔业》在国际顶尖科学期刊 *Science* 上发表，成为中国高校最早在 *Science* 上发表的研究成果之一，引起国际学术界瞩目。鉴于海洋生物学科的成果，中央研究院及太平洋科学学会，特别委托厦门大学建立海洋生物研究室。与此同时，

---

① 《厦门大学校史》第1卷，第26页。

② 陈嘉庚：《筹办厦门大学演讲词》，载《新国民日报》1920年11月30日。

③ 《林文庆校长报告》，载《厦门大学民国十年度报告书》，1922年。

④ 《厦门大学一览》（1935—1938年度），载《厦大校史资料》第1辑，厦门大学出版社1987年版，第66页。

厦大的动植物标本的数量与丰富多样在全国领先。

其三是开放性的院系学科构成与人才培养学制。在中国高等教育滥觞时期，中国的大学虽然学的是西方体制，但中国文化原本就缺乏精确细致的分类，对事物不那么条分缕析，而且大学刚刚兴起，很多学科、专业更是因国家需要而设置而存在，大学的一切都在尝试与践行当中，这也就带来了中国现代大学院系学科设置上的开放性。厦大私立时期四次较大的院系变动与学科设置，就可以清楚地看到这个现象。院系设置与专业、学科结构的不断变动，实际上对打破学科体制的僵化是有驱动力的，它为以后厦大百年发展中院系所面临的不断调整、不断改革奠定基础。

在人才培养上，厦门大学“虽为厦门大学，实为世界之大学”①，一开始就招收大量的东南亚华侨子女和朝鲜国学生，颇具开放性。这所地处东南沿海一隅的大学却坚持要“使本校之学生虽足不出国外，而其所受之教育，能与世界各大学相颉颃”②，除不惜重金聘任国内外特别是世界名牌大学经历的名师学者外，在教学体制上，厦门大学沿用英国近代大学学制，本科修业 4 年，以修满 150 学分（绩点）并通过毕业论文及有关实验为毕业，各院各系实行课程交叉的修课计划，注重了知识结构的多元化。打破课程的专业界限，这样一种强调博集东西学术，打通院系界限学科界限的修学制度，实际上更吻合现代大学的人才培养规律。

厦门大学建校初期 16 年间，其“切于实用”的人才培养方针，“研究高深学术”的学科特色，院系学科结构与教学体制的开放性，不仅是时代的产物，也是百年厦门大学的宝贵珍藏，在百年厦大的院系建设发展中体现了一所名校的潜在发展实力，不仅为厦大创建“世界之大学”目标打下了坚实的基础，而且在学科的发展上为一流学科的发展奠定了先天优势。

二

1937 年 7 月 1 日，私立厦门大学正式改为国立厦门大学。7 月 6 日，国民政府行政院任命清华大学萨本栋教授出任厦门大学校长。7 月 7 日，抗战全面爆发。12 月，日寇兵临厦门，厦门大学内迁山城长汀，坚持在烽火硝烟中办

① 《林文庆先生在中华俱乐部之演说词》，载《南洋商报》1925 年 2 月 2 日。

② 《林文庆校长报告》，载《厦门大学民国十年度报告书》，1922 年。

学,“单独担负铁路线(粤汉铁路)以东国立最高学府的全付责任”[①],成为加尔各答以东最逼近战场的学府,肩起中国高等教育的东南半壁江山。由此开始到 1949 年新中国成立,这是厦门大学的国立时期。

抗战时期,在极其艰难困苦的条件下,萨本栋校长抱着“在艰危中”“不负嘉庚先生毁家兴学及政府将厦大收归国立之至意”的意志[②],以自己的未雨绸缪和身体力行,推进拓展厦门大学的院系与学科建设,赢得了战争中“国魂所托的事业”[③]的重大发展。

作为坚守在战区的最高国立学府,在战争中自觉担负起为战后的祖国建设培养与储备人才的使命,这成了厦大院系与学科建设的出发点与目的地。萨本栋说:“吾人应知此次战争,关系数千年固有文化之持续,将来永固国基之奠定者至巨。”[④]置身残酷的战争中,厦大想的是战后建设所需的大量“永固国基”的人才。据当年的新闻媒体报道,厦大筹备设立水产研究室,是为了“战后东南沿海水产研究之总框”[⑤];增设外国文学系与法律系司法组,“以应目前全面反攻及将来建国之需要”[⑥]。

这种穿透硝烟的未雨绸缪,更体现在厦门大学工科院系的创设与发展上。厦大工科开始于 1922 年,在 1930 年科改系后,工科已悄然消失。萨本栋来自清华大学,自己又是著名的电机专家,他对工科建设既熟悉又有主见,从战后建国的急需出发,工科人才显然要比其他学科人才需求更迫切、需求量更大,萨本栋决定补齐厦大学科上的工科短板。

1938 年 7 月,厦大创设土木工程系,到 1941 年秋季,萨本栋校长就很自豪地说:“现在土木系设备,固尚未达到我们理想的境地,但教师则已充实到可以与国内任何大学相颉颃。”[⑦]这个科系,为战后中国大规模的基础设施建设培养了大批人才。1940 年秋季,在土木工程大力扩展的同时,萨本栋又创设机电工程系。机电工程系创立后,理学院扩充为理工学院。1944 年 4 月,创建航空工程系,厦大成为全国最早开办航空专业本科教育的少数高校之一,培

---

① 《萨本栋开学词》,载《厦大通讯》第 3 卷第 10 期,1941 年 10 月 25 日。

② 萨本栋:《勖勉同学词》,载《唯力》旬刊第 3 期,1938 年 4 月 3 日。

③ 萨本栋:《勖勉同学词》,载《唯力》旬刊第 3 期,1938 年 4 月 3 日。

④ 萨本栋:《“七七”二周年纪念与节约运动》,载《唯力》第 2 卷第 7/8 期合刊,1938 年 7 月 7 日。

⑤ 《母校设立水产研究室》,载《厦大通讯》第 6 卷第 1 期,1944 年 3 月 31 日,

⑥ 《厦大增设外语、司法等系组》,载南平《东南日报》1945 年 8 月 4 日。

⑦ 《萨本栋开学词》,载《厦大通讯》第 3 卷第 10 期,1941 年 10 月 5 日。

养出像中国工程院院士张启先这样一批优秀的中国早期航天航空专家。

1945年12月厦大复员厦门，汪德耀已接掌厦大。这期间院系与科建设的最大事件是1946年夏季海洋学系与中国海洋研究所的创办。海洋学科创立于天时地利人和之中：抗战胜利后海洋与海权重要性凸显，复员厦门后的东南沿海地理环境优势，校主陈嘉庚“力挽海权，培育专才”的誓言与著名海洋学家唐世凤博士的加盟，共同促成了中国第一个海洋学系诞生，同时，厦大与中英文教育基金会合办的中国第一个海洋研究所也在厦大成立，厦大的海洋观测站也获准设立。由此，厦门大学在全国率先开始了“谋中国海洋科学事业之发展”“研究与教育并重”的造就培养海洋人才的行动。

国立时期文科的发展以复办法学为主要标志。厦大的法学，最早创立于1926年6月，1937年改归国立后，法律系奉命撤销，法学学科停办。到1940年，由于国民政府教育部不同意建立福建大学，并将已经开学的福建大学法学院并入厦门大学，这样，战火中的厦大法学学科就在接收福建大学法学院的契机中复办起来。

在人才培养理念与培养模式上，萨本栋取的是美国芝加哥大学的通识教育思想和从清华带过来的通识教育理念，遵循梅贻琦的“通识为本，专识为末”[①]教育思想制定校制、设置课程，实行强化通识基础与打通学科界限的修学制度，实施教授全力上课制度。他要求即使在战争中，也要坚持“未到‘最后一课’的时候，应加紧研究学术与培养技能”[②]，他提出，“现在不是个推诿责任的时代”，“需一身肩负二人之重任，一日急二日之操作”[③]，以不辜负陈嘉庚先生的期待，不辜负国家事业所托。比如新成立的机电工程系系主任朱家炘教授，据统计最高一学期每周上课达81课时，每周最高达1725人时。这时期的厦大学生则“把战区当课堂，把笔杆当枪杆”，越是艰难越是坚韧学习。在1940年与1941年国民政府教育部举行的两次专科以上学生学业竞赛中，获奖总数与获奖系数的比例评定，均名列全国第一。

从抗战全面爆发到复员厦门，在极其艰危的战争环境与艰苦的复员中，厦门大学的院系建设不仅没有停顿，而且还得以有力扩充，院系规模与学科发展都有历史性的突破，多科性大学已然向综合性大学迈进，也因此开始确立厦门

---

① 梅贻琦：《大学一解》，载《清华学报》第13卷第1期，1941年4月。

② 萨本栋：《勖勉同学词》，载《唯力》旬刊第3期，1938年4月3日。

③ 萨本栋：《“七七”二周年纪念与节约运动》，载《唯力》第2卷第7/8期合刊，1939年7月7日。

大学位居全国高等教育前列的位置。更重要的是这一时期积淀下来的办学精神，那种由战争烽火淬炼出来的自强、坚韧与艰危中担当重负的使命感，为厦门大学的发展积累了一份极宝贵的精神财富。

三

1949年10月1日，中华人民共和国成立，人民当家做主的时代开始。10月17日，厦门解放，厦门大学迎来了办学史上的新纪元。1949年10月21日，中共厦门市委在厦大建立中共厦门大学支部。不久，在原有基础上设立中共厦门大学党组。1950年5月，中华人民共和国政务院任命著名经济学家、曾任厦门大学法学院院长的王亚南为厦门大学校长。

1952年6月，中共福建省委派15名党的干部到厦大，7月，中共福建省委决定程璐任中共厦大临时党委书记，党在学校的领导得以体现与加强；1953年1月，厦门大学成立校务委员会，标志着学校由“校长负责制”开始向“党委领导下的校长负责制”过渡。这一年，符合条件的科系先后成立党支部。1955年1月召开中共厦门大学第一次代表大会，成立中共厦门大学党委会，之后，各系先后建立系党总支，直到1999年校院二级管理体制改革时，党总支、党支部为厦门大学各科系的最直接领导，保证科系建设与学科发展的正确方向和健康发展。

新中国成立后，在东西方意识形态冷战的背景下，中国大学放弃对西方欧美的学习，而强调向“苏联老大哥”学习。1952年，中央提出高等教育“发展专门学院和专科学校，整顿和加强综合大学”的方针，并学习苏联高校模式，进行大规模的院系调整。从1952年到1955年底，厦门大学在调整中从多学科大学向文理科综合大学转变，被确定为华东四所综合性大学之一。

1952年8月，一年前刚刚由省立并入厦大并改名的厦大农学院奉命与福州大学农学院合并为福建农学院；9月，厦大海洋系一分为三，厦大航海专修科与集美水产商船专科合并成立福建航海专科学校，之后再分别归入大连海运学院与上海海运学院；海洋系理化组并入山东大学，与山东大学海洋学科建立海洋系，发展为山东海洋学院，即后来的青岛海洋大学；为保存厦大发展海洋学科的力量，厦大成立海洋生物研究室，将海洋生物组的骨干教师与标本留在厦大，聘郑重教授为研究室主任。1953年7月，厦大又奉命将工学院的土木、电机、机械3个系及土木专修科调整到浙江大学、南京工学院和华东水利学院，将企业管理并入上海财经学院，法学院归入华东政法学院。1954年7

月，厦大教育系调整到福建师范学院；8月俄语专修科部分师生并入南京大学。

在此调整中，厦门大学文理科也有所壮大。1951年私立福建学院的政治、法律、经济归并到厦大。1952年福州大学财经学院的会计、贸易、财金、统计、企业管理5个系并入厦大财经学院，并增加贸易专修科。1953年，福州大学文理两院的中文、外文、历史、数学、物理化学、生物学6个系也奉命并入厦门大学。1955年，厦大奉命停办统计、会计、财金、贸易4个系，改在经济系之下设政治经济学、统计学、会计学、货币与信贷、贸易5个专业。

从历史现场上看，大规模院系调整是新中国改造旧教育制度、建立新教育体制的战略措施，这是中华人民共和国教育史上一个重要事件。这场调整既为厦大文理科综合大学模式打下基础，也一定程度上削弱了厦大综合性大学的实力，厦大一些经营多年而形成厦大特色的院系、学科被调整出去，充实其他高校乃至成为新学校成立的基础。厦大在为国家做出贡献的同时，也造成基础学科与应用学科的相互分离，综合性大学学科交叉渗透的优势也受到一定的损失。

院系调整后，苏联高等教育的专业制度也随之取代了中国大学的院系体制。新中国成立之前的大学一般只设学科不设专业，学科业务范围要比专业宽阔，但专业有利于针对性培养专门人才，培养目标十分专一。为贯彻专业人才培养目的，厦门大学院级建制最后被正式撤销，实行以系为教学单位，系内设若干专业，形成按专业培养人才的办学模式。到1958年，全校设8个系16个专业，并设16个专门化科目。

这一时期，教育部确定厦门大学发展方向为"面向东南亚华侨，面向海洋"，要求各专业各教研组加强与南洋、台湾、海洋及本地特点有关的各种问题研究。王亚南校长对厦大的综合性大学也提出新的目标定位，他说："今天我们所在的学校是个综合性大学，不是工业大学、农业大学，而是综合性大学，不同地方是培养目标不同。工农科培养工农业所需技术人才，师范培养教师，综合性大学主要是培养研究人员，科学研究人员。"他对学生说："你们将来就是要培养成为科学家。"[①]这样的办学方向与文理综合性大学的形成，明确指明科学研究是厦大办学的重要任务，学科建设水平成为办学水平的重要表现。

由此，在那个以专业为主的发展时期，厦门大学依然将研究机构建设与学科建设发展当成院系建设的重要内容。

---

① 王亚南：《怎样做一个大学生》，录自厦门大学校办档案56-11。

王亚南校长抵达厦大后，首先恢复和建立研究机构，成立了经济研究所、化学研究所和南洋研究馆（1963 年升格为教育部部属研究所）、人类博物馆，文科理科各学院普遍成立研究室。这时福建研究院社会科学研究所也奉命归并厦大，充实了厦大文科主要是经济学科的研究实力。

这一时期，经济学科开始成为全国的翘楚学科。从 1946 年王亚南的《中国经济原论》研究被誉为“中国式的《资本论》”开始，厦门大学“以中国人的资格研究政治经济学”的独特学派开始形成。1950 年王亚南执掌厦大后，建立厦大财经学院，创办全国第一个经济研究所，这是当年全国高校最新经济学教学科研建制。院系调整中财经学院被撤销。1958 年 9 月，中国经济问题研究所成立，并创办中国第一家全国性经济学刊物《中国经济问题》。这个时期，经济学各学科研究全面展开，在《资本论》研究、社会主义所有制研究、会计、统计、财政学方面的研究，成绩斐然，为全国瞩目，奠定了经济学迈向一流学科的坚实基础。

化学为厦大理科中最早的学科之一，展示着一流学科的形象。1939 年，傅鹰博士受聘厦门大学并任教务长兼理学院院长，他给厦门大学带来了化学正在从经典的统计热力学深化为理论化学、结构化学的最新发展信息与理论，从而让厦大化学学科及时捕捉到量子化学、量子力学的发展，跟上世界潮流。自此，化学学科的发展呈现云帆济海之势。新中国成立后，催化的研究与应用、海洋化学分析成果显著，电化学研究、物质结构研究、有机物电极、电分析和有机物点解制备也都在学术界崭露头角。1972 年，蔡启瑞教授与唐敖庆、卢嘉锡两教授联袂承担国家重大基础理论研究课题化学模拟生物固氮研究，与国际同步攻关世界理论难题，成果受到国际同行的赞赏。这个时期的厦大化学，已具备国内一流、国际具有重要影响的学科声望。

除此，海洋生物研究，生物系在金定鸭研究及北京鸭与金定鸭的杂交研究，半导体物理、半导体化学、植物生物学以及数学等方面的基础理论研究，都有全国性影响。理科各系与福建省其他单位联办建立的 8 个新的研究所，有效地促进了厦门大学科学研究与地方建设的紧密结合，拓宽了厦门大学科学研究的思路与途径，这也说明了成为文理综合性大学的厦门大学在学科建设上的明显进展。

从 1949 年新中国成立到 1966 年“文化大革命”爆发，厦门大学与全国高校一样，经历过“整风运动”、“教育大革命”和“大跃进”高潮，作为面对两岸对峙炮火中海防前线大学，社会主义的办学方向和党在学校中的领导地位更加明确与坚定，在人才培养与科学研究上探索前进，书写出新中国高等教育的新篇章。1963年9月12日,教育部以〔63〕教厅秘字第178号文件,将厦门大学定位全国重点大学,“这是国家对厦门大学几十年来办学成就的充分肯定,从教育体制上明确地确立了厦门大学在全国教育事业中的重要地位”①。

1966年到1976年“文化大革命”运动期间,厦门大学与全国高校一样,遭受空前的洗劫。这是中国高等教育发展史上一次挫折和重大教训,经历过这样的风雨,拨乱反正之后,厦门大学的院系与学科建设自有空前的发展。

四

1976年10月6日,党中央一举粉碎“四人帮”;1977年9月,全国恢复高考制度,1978年2月,教育部恢复厦门大学为全国重点大学。1981年10月,厦门被国务院确立为中国四个经济特区之一,身处中国经济特区的国家重点大学,厦门大学被历史推向了改革开放的前沿,学校逐渐顺利走向“党委领导下的校长负责制”的领导体制中,院系建设发展进入一个崭新的历史新时期。2000年之后,按照校院二级管理体制改革,各学院建立学院党委,建立并逐步完善学院党政联席会议制度,厦门大学院系建设得到空前发展。

至2020年,改革开放中的厦门大学全校已建有30个学院16个研究院,展现出门类齐全、学科强劲、专业特色明显、布局合理的整体风貌。依据院系建设与发展的历史,以1995年启动“211工程”为界,整个42年的改革开放可分为两个时期:1978年至1995年为恢复与快速发展时期;1995年之后伴随着国家“211工程”、“985工程”、创建“双一流”建设,厦门大学院系建设进入跨越式发展时期。

1978年春天,当恢复高考制度后的第一届大学生走进厦大时,厦大共设有10个系29个专业,这些系与专业还只是集中于自然科学与人文社会科学的基础理论学科,基础雄厚,但面对世界新技术革命浪潮的兴起和新时期党与国家工作中心转移到社会主义现代化建设和改革开放上,尤其是经济特区和沿海开放城市、经济开发区的设立,原本的科系已经不能很好地适应新形势的需要,于是,学校大胆突破文理结构框架,调整学科与专业设置,大力充实、改造、复办老专业,增设一批新学科,优先创办一批涉外专业、应用科学和应用技术专业,开展边缘新兴学科研究,迈步向文理渗透、多学科组成的综合性大学

---

① 厦门大学档案馆、厦门大学校史研究室编:《厦门大学校史》第2卷(1949—1991),厦门大学出版社2006年版,第142页。

方向发展。

其一,以“起点要高,起点要新”的要求,创办一批新专业,集中在涉外、经济管理、新兴交叉学科与新技术专业。到1995年,全校已发展到26个系61个专业,突破长期以来保持的文理财经综合性大学格局,形成了包括智能科学、技术科学、人文科学、社会科学、管理科学、教育科学在内的多学科、结构比较合理、内容比较先进的学科体系。

其二,开始恢复学院建制。专业增多后,科、系不断发展,从管理与学科建设出发,开始逐步恢复学院建制。在20世纪80年代初期,先后成立经济学院、政法学院、全国综合性大学的第一个艺术教育学院、技术科学学院,其中技术科学学院的成立既带有复办工科的动机,更是以为国家培养急需的大量科技人才为目标,着重造就工科与理科相结合、交叉的学科的开创性人才。学院作为学校派出机构,具有一定自主权。

其三,以长远的战略眼光,充实、更新老专业。如20世纪70年代复办海洋系。在1952年的院系调整中,厦大将海洋系一分为三,用建立海洋生物研究室的名义战略性留住了海洋生物学科的骨干师资与教学标本,这使得厦大在1962年前后依然成为我国海洋科学的重要基地之一。海洋系虽然不再存在,厦大理科其他系却增设了海洋物理、海洋化学和海洋生物等新的专业、专门化,各系与华东海洋研究所密切配合,共同进行了26项海洋科学研究,成果引起国外学术界注意,《美国科学界对中国科学的看法》一书也提到厦大海洋科学研究的情况。复办后的海洋系,采取少招本科生、多招研究生、重拳科研、提高质量的策略,开展学科建设,并增设海洋水文气象和海洋地质地貌两个专业,为海洋系成为全国一流学科打下了坚实良好的基础。

1995年,厦门大学进入国家“211工程”行列;2001年,被列入国家“985工程”重点建设高校;2017年,入选国家A类“双一流”建设高校。在中国教育从教育大国走向教育强国的历史进程中,厦门大学的院系发展与学科建设,实现了跨越式发展。

1999年3月,全校深化校内管理体制改革,开始实行校院二级管理,学院建制全面铺开,各学院按照学院办大学的发展趋势,遵循“优化结构、强化内涵、扶优促新、鼓励交叉”的原则推动学科与专业建设,从1995年到2020年,全校共设置30个学院16个研究院,新增52个专业,撤销4个专业,调整18个本科专业,最终设置本科专业99个,涵盖文学、哲学、历史学、法学、经济学、管理学、理学、工学、建筑学、医学、艺术学等11个学科门类,以学科为支撑,打造一批定位明确、管理规范、改革成效突出,师资力量雄厚、培养质量一流的院系与专业群；全校有17个国家级特色专业，2个国家级人才培养模式试验区，2个国家级专业综合改革试点，3个专业入选教育部基础学科拔尖学生培养计划，24个专业13个项目入选教育部卓越人才培养计划。

这个时期，也是厦大研究生教育的大发展时期。1986年9月，国务院批准厦大试办研究生院；1996年3月，厦大正式获准设立研究生院；2018年，厦大成为全国首批20所学位授权自主审核单位之一。至2020年，全校共设有32个博士后流动站，36个一级学科博士学位授权点，45个一级学科硕士授权点。研究生院的建设与发展，推动了厦大研究生教育的空前发展，也更紧密地将厦门大学的学科建设与学院建设融为一体。

学科作为高校实施科研、教学活动和集聚人才的最基本的单元，是学校根本性的基础建设，也是院系建设发展的基础与支撑。这个时期，凭借国家"211工程"、"985工程"建设和创建"双一流"的支持，院系以学科为支撑，以学科建设为重心，凸显了学科建设的基础性与关键性。

其一，以学科建设为支撑为龙头，整合组建符合学科发展和拓展创新学科建设的学院，优化学科布局。如整合厦大早期传播和研究马克思主义与当代马克主义教学研究的资源，成立马克思主义学院，设立"985工程"重点学科"马克思主义理论"、"211工程"三期国家重点学科"中国特色社会主义理论与实践"建设项目，与中共福建省委宣传部合作共建"厦门大学中国特色社会主义理论体系研究与培训基地"，加强学科建设，建设国内高水平的马克思主义理论学术创新基地。如整合全校电子工程、电子科学、微电子与集成电路、电磁声等相关学科，组成电子科学与技术学院，入选国家示范性微电子学院；整合软件学院、物理科学与技术学院、计算机与信息工程学院相关资源成立信息学院；将公共事务管理学院的社会学系与人文学院的人类学系组合成社会与人类学院，更准确对应国际学科范式；而像数学科学学院、国际关系学院、台湾研究院、教育研究院、萨本栋微米纳米科学技术学院，则是应对历史与国家的需求，在学校原本的优势或特色学科基础上建立起来的学院。其中数学与应用数学为国家级一流专业、国家一类特色专业、国家理科数学与应用数学基础科学研究和教学人才培养基地，入选国家基础学科拔尖学生培养试验计划；台湾研究院入选国家高端智库试点建设、培育单位。以教育部人文社科重点研究基地会计发展研究中心和国家重点学科工商管理为依托，整合MBA和EMBA、会计系、工商管理系、管理科学系与旅游管理专业组成管理学院，很快使管理学院成为中国最具竞争力的十大商学院之一。工商管理、会计学、财务管理和电子商务4个专业入选国家一流本科专业建设点，在2017年教育部公布的全国第四轮学科评估中，工商管理一级学科获评A类学科，经济学与商学进入ESI全球前1%行列。

其二，以大学科理念、通过国家人才培养基地和重点学科的依托带动，推进院系与学科的建设发展。1999年校院二级管理体制改革伊始，学校就开始推行大学科的学院建制理念，文、史、哲3个系6个一级学科，以国家文科历史学基础科学研究和教学人才培养基地与国家重点学科中国经济史为带动，组建人文学院，力图打通文史哲，"研究高深学问"和培养人文学科精英人才。以大医科理念，整合生命科学学院、医学院、药学院、公共卫生学院等力量，推进学科交叉融合，构建医、教、研有机融合的医科教育体系。2018年和中国卫生信息与健康医疗大数据学会共同建立医疗健康大数据国家研究院，汇聚理、工、医及社会科学十几个学院的教师与研究团队，通过自主创新和跨学科合作，产生一批国内外领先的具有良好产业转化价值的一流研究成果，凸显大学科整体的优势。

在大学科建设与学科协同创新中，由厦门大学牵头，与复旦大学、中国社会科学院台湾研究所、福建师范大学共同建设的国家协同创新中心"两岸关系和平发展协同创新中心"，由厦门大学、复旦大学、中国科学技术大学和中科院大连化物所为核心层，组建的国家级协同创新中心"能源材料化学协同创新中心"，都体现出大学科、跨学科与跨越部门、学校的创新优势。2018年12月，国家自然科学基金委依托厦门大学建设"国家天元数学东南中心"，该中心由数学科学学院牵头，联合5个省14所高校为共建单位，更是以大学科、大组合、大跨越的组织形态呈现出构建一流核心竞争力的重要举措。

其三，发挥优势，打造国内领先、国际一流的高峰学科，是这一时期厦大院系建设与发展水平最基本也是最重要的成果之一。目前厦门大学有理论经济学、应用经济学、工商管理、化学、海洋科学5个国家一级重点学科，另有25个国家二级重点学科，分布在经济、管理、化学化工、数理、海洋与地球、生态与环境、法学、高等教育、生命科学、人文等学院。另有化学、工程学、农学、社会科学、计算机科学、分子生物学与遗传学、微生物学、药物理与毒理学、地学、物理学、经济学与商学等18个学科在ESI全球排名前1%；17个学科在QS世界大学学科排行榜上有名，上榜数居中国大陆高校第12位；37个学科登上软科世界一流学科排行榜，上榜数居中国大陆高校第8位。2017年，化学、海洋科学、生物学、生态学、统计学入选国家"双一流"建设行列。

当我们对厦大100年的院系发展做出梳理后，我们会发现，厦大百年院系的历史脚步，实际上是伴随着100年来中华民族伟大复兴的风云变幻与中国高等教育的命运嬗变而砥砺行走的，它走的是一条从小到大、从少到多、从大到强的历史发展脉络，一条是院系建设与学科发展紧密融合的道路，一条是国际竞争力和整体实力不断提升的道路。百年院系不断调整不断演化的进程，也就是百年学科不断变革不断创新的历程，这里有成功的喜悦，也有挫折的教训，有起伏的艰辛，也有前进的欢笑，但无论在什么时候、在什么样的空间里，都向着校主陈嘉庚先生提出的“世界之大学”目标前行，都沿着“与世界各大学相颉颃”的意志行进，都朝着“中国特色，世界一流”的憧憬踔厉奋进。

五

“厦门大学百年院系史”系列的编撰出版，是各院系向厦门大学百年华诞献上的一份礼物，她以100年来各个学院、研究院的学科发展、专业建设、院系在时代中变动的脚步为主要内容，呈现不同历史时期南方之强的个性与风采。目的在于总结经验，传承命脉，弘扬自强不息、止于至善精神，激励“双一流”建设，为厦门大学与中国高等教育留下一份珍贵的历史叙述。全校共有35个院系、研究院及厦大出版社参加了这个规模空前的编写工程。每部院系史主要包含以下内容：

一、历史的脚步。这是全书最主要的叙述，它通过对院系的历史梳理，描述出在各个历史时期的发展脉络与特征，客观呈现各学院发展进程中的主要事件，重点叙述以学科建设、人才培养为重心的发展变化、主要特点和成就，以及行政管理、社会服务上的变更发展。

二、党政管理。叙述院系党的建设情况，行政机构的变更，历任党、政领导等。

三、学科发展。叙述院系学科建设发展的轨迹与特色、地位与成绩，包括博士授权点、硕士授权点介绍及其人才培养特色，研究基地、研究所、中心介绍及其工作特色，重点实验室介绍及其工作成就，对外交流成果等。

四、教学成果。阐述院系在人才培养与教学教育中的发展嬗变，包括专业设置、课程体系、精品课程与教改项目、教学成果奖、特色专业与创新试验区、教学团队、教材建设、人才培养基地、创新创业教育等内容。

五、学术成就。配合学科建设的发展，叙述学术上的做法与成就，包括获奖学术成果、主要著作与论文、主要研究课题。

六、附录：院系大事记。

这是一项具有长远意义且严肃的工作，学校要求各院系在编撰中坚持正确的政治导向，突出与中国共产党同龄的厦门大学教育救国、教育兴国、教育强国的历史步点；重点叙述与提炼各学科、各专业及人才培养的发展与成就，彰显学术大师和著名校友的贡献；历史须客观叙述，要求准确无误有根有据，尽可能追根溯源，填补漏缺，还原历史，强调学术传承。但历史的写作须经千锤百炼，百年院系历史的叙述需要长期的淬炼，今天打开的这个脚步，难免深浅不一，难免有疏漏之处，还有许多需要打磨甚至勘正的地方，还请各位读者批评指正。

全校的百年院系史系列编撰工作在2019年的春天启动，历时两年的时间，在厦门大学百年华诞到来之际，终于与厦大人、与各方读者见面了。当各院系的撰写者在各自的历史隧道中搜寻攫微、考辨记载而写出自己的院系历史的时候，实际上是在对一个学科、一个院系的过去与今天的研究梳理，也是与明天的一个重要联系与启示。相信经过这次院系史的研究编写，各学院各学科将会以史为鉴，以更宏伟的规划更准确的定位更实在的工作，在党的坚强领导下，向着“中国特色，世界一流”的建设方向，奋力推进厦门大学院系建设与学科发展。

2021年3月12日

目录

c o n t e n t

第二章
师资队伍与学科发展

第三章
思政课程教学与改革

附录

第一章 历史沿革

厦门大学具有马克思主义理论研究和传播的光辉历史与优良传统，在这里诞生了福建省第一个中共支部，涌现出以王亚南为代表的一批杰出马克思主义理论家和研究者。新中国成立以后，厦门大学遵照中共中央的精神和国家教育行政主管部门的要求，全面贯彻党的教育方针，坚持和巩固马克思主义的指导地位，落实立德树人根本任务，不断加强师资队伍建设，认真组织开展思想政治理论教育教学，深入推进马克思主义理论研究和建设工程，学校思想政治理论课[①]教学研究机构日益健全完善，顺利实现了各项事业的跨越式发展。

第一节　思政课教学机构的初步创设

一、政治学习委员会的设立

1949 年 10 月 17 日，厦门解放。厦门大学师生员工渴望尽快了解新政权，跟上新形势，迈向新时代。“随着帝国主义和封建买办的统治在中国宣告终结，中国旧教育的政治经济基础是基本上被摧毁了”，[②]“对新区学校安顿以后的主

---

① 思想政治理论课在开设过程中，曾先后出现“政治课”“政治理论课”“马列主义理论课”“马克思主义理论课”“两课”（“马克思主义理论课”和“思想品德课”）等名称，目前已经统称为“思想政治理论课”。本书出于行文方便，在不同阶段或依该课程当时的通称加以表述，或以“思想政治理论课（简称思政课）”进行总括。

② 《马叙伦在第一次全国教育工作会议上的开幕词（节选）》，教育部社会科学司：《普通高校思想政治理论课文献选编（1949—2006）》，中国人民大学出版社 2007 年第 2 版，第 3 页。

要工作，是有计划、有步骤地在教师和青年学生中进行政治与思想教育，其主要目的乃是逐步地建立革命的人生观”。[①] 为此，在“维持原状、逐步改进”的原则下，厦门大学师生员工全力展开了新民主主义的学习，掀起“建设人民的新厦大”的高潮。

12 月 21 日，厦门大学二至四年级学生开始复课。学校起初成立有学习委员会，负责组织全校师生员工开展日常政治学习。不过，由于复课之时业务课学习任务普遍较重，再加上开展政治学习经验不足，计划性不强，政治教员缺乏，因此整体学习效果不甚理想。

1950 年 4 月 1 日，厦门大学临时校务委员会成立。在临时校务会第 5 次例会上，学校决定设置政治学习委员会(简称“学委会”)，旨在有序推动全校师生员工系统开展政治学习。学委会由 13 名委员组成，法学院院长陆季蕃教授兼任主委。学委会下分两大组：一为校日活动组，负责利用周末校日组织全校师生员工政治学习事宜，以学习“社会发展史”为主，遇有必要时参以有关时事报告，由校内外专家和地方主要领导轮流作启发式演讲，再进行小组讨论；一为共同政治科目研究组，负责全校公共政治课的上课事宜。其主要职责包括：(1)商定各科讲授大纲；(2)讨论教学方式(集体的或个人的)；(3)确定主讲人员；(4)辅导讨论解答问题，及时了解教学效果，掌握学习情绪；(5)指定参考书籍。[②]

二、大课教学工作委员会的运行

1950 年 7—8 月，教育部在北京召开全国高等学校暑期政治课教学讨论会，会后印发了《关于高等学校政治课教学方针、组织与方法的几项原则》等文件。为贯彻落实教育部会议精神，进一步理顺校内管理体制，更好地统一领导全校政治课教学工作，学校于 9 月决定在教务处之下设立“大课教学工作委员会”，由副教务长熊德基教授兼任主委，负责对大课教学工作的设计及检查。政治学习委

① 《钱俊瑞在第一次全国教育工作会议上的总结报告要点(节录)》，教育部社会科学司：《普通高校思想政治理论课文献选编(1949—2006)》，中国人民大学出版社 2007 年第 2 版，第 4 页。

② 题名不详(残件)，《新厦大》1950 年 4 月。扫描件藏厦门大学图书馆。

员会原先设立的共同政治科目研究组，其职能转由大课教学工作委员会行使。大课教学工作委员会设有“社会发展史”和“政治经济学”两个教学工作组和一个负责联络、协调的中心工作组。中心工作组之下再设联络、提纲、问题、资料四股。[①]

領導全校政治學習　組織大課教委會

（本報訊）校方為統一領導全校性的政治學習，特組織「大課教學工作委員會」由副教務長熊德基先生任主委。下分（一）社會發展史教學工作組由黃厚哲先生負責。（二）「政治經濟學教學工作組」由袁鎮岳先生負責。（三）「中心工作組」由鄭道溥先生負責。中心工作組下分聯絡、提綱、問題、資料四部。又該教學工作委員會與計劃組織全校教學小組的教學計劃研究部同為隸屬於教務處的二平行機構。

图 1-1 《新厦大》报道学校成立“大课教学工作委员会”（1950 年 9 月 23 日）

1951 年秋，为健全机制、提高效率，学校取消大课教学工作委员会下设的中心工作组，同时增设副主任委员 1 名，资料股扩充为资料组；添设政治讲座组，配合学生会文化部主持每星期六下午全校政治时事讲座与小组讨论等事宜。调整后的大课教学工作委员会设有主任委员 1 人（由教务长兼任），副主任委员 3 人，秘书 1 人；下设社会发展史教研组、政治经济学教研组、政治讲座组和资料组。[②]在大课教学工作委员会的组织协调下，学校政治课教学和政治时事学习开始逐步走上正轨。

---

① 《领导全校政治学习　组织大课教委会》，《新厦大》1950 年 9 月 23 日，第 1 版。

② 《大课教学工作总结》，厦门大学档案馆藏，厦大校办档 51—3。

三、政治教学工作室的成立

1952年6月，遵照中共福建省委的指示精神，学校成立政治辅导处，负责主管全校师生员工的政治思想教育，指导全校师生员工的政治生活和联系党、团、工会、民主党派及其他群众团体。

9月，学校第9次校务委员会扩大会议修正通过了《厦门大学组织系统表》，原隶属教务处的“大课教学工作委员会”改设为“政治教学工作室”，划归政治辅导处领导，校党委书记、政治辅导处主任张玉麟教授兼工作室主任，袁镇岳和郑道传为副主任，邹永贤担任秘书。[①] 政治教学工作室下按课程设政治经济学教研组（挂靠经济系）、新民主主义论（后改“中国革命史”）教研组和马列主义基础教学小组。

政治经济学教研组主任由校长王亚南教授兼任，副主任周贻真教授负责实际工作，设干事二人专司资料整理和日常工作，组员有陈昭钜、陈可焜、陈琛、余国勋等。[②] 政治经济学教研组除了承担政治课教学外，还要负责承担经济类相关专业课的教学任务。新民主主义论教研组主任由张玉麟兼任，副主任郑道传协助处理日常工作，干事陈孔立负责整理资料及绘制图表，巫维衔负责文书及联络，组员有王新整、邹永贤和刘熙钧等，参与审查、编写讲稿或担任班教员。[③]

与此同时，学校还在新成立的研究部之下设立马列主义研究室，由校长、研究部部长王亚南教授兼研究室主任，陆季蕃教授兼副主任。研究部的主要任务在于计划和推动全校马列主义毛泽东思想的研究，使其贯彻到各种学术和学科中去。可见，马列主义研究室与政治教学工作室在业务上有着密切的关系，有力推动了全校政治课的教学及科学研究工作。

---

① 《全校行政组织调整人事配备初步完成》，《新厦大》1951年10月1日，第2版。

② 《1952年度下学期政治经济学课程总结报告》（1953年9月），厦门大学档案馆藏，厦大教务档53—3。

③ 《“新民主主义论”教学情况报告（1952.11.9—1953.1.12）》，厦门大学档案馆藏，厦大教务档53—2。

四、马列主义教研室的建立与初步发展

（一）政治课教研组织的调整充实

教学研究指导组（简称“教研组”）是学校的教学基层组织，也是推进学校教学改革的重要力量，直接开展一门或几门性质相近课程的教学及科学研究工作。厦门大学各教研组是根据《华东区高等学校教学研究指导组织暂行纲要草案》的有关规定逐步组织成立的。1953 年 1 月，学校还出台了《厦门大学教学研究指导组暂行条例（草案）》。

1953 年 9 月，校务会议决定将若干条件较好的教研组扩充为教研室，承担政治课教学任务的“政治经济学教研室”和“中国革命史教研室”名列其中。政治经济学教研室仍由经济系领导，校长王亚南兼任主任，周贻真、郑道传担任副主任。各教研室成立后，均以提高教学质量为主要任务，认真抓好教学内容的充实和教学方法的改进工作。

1954 年 3 月，为加强对“中国革命史”和“马列主义基础”两门课程教学工作的领导，并组织力量开设“辩证唯物论与历史唯物论”课程，学校决定将中国革命史教研室与马列主义基础教学小组整合，成立马列主义教研室（简称“马列室”）。[①] 调整后的马列室由张玉麟兼主任，刘熙钧任中国革命史教研组组长，邹永贤任马列主义基础教学小组长。

（二）政治课教研组织的日益健全

随着师资力量的逐步充实，学校 4 门政治课已经陆续开出。为发挥教研组在课程教学组织和主讲教师培养方面的作用，学校于 1955 年 8 月决定进一步健全政治课教研机构，在马列室之下分别成立：辩证唯物论与历史唯物论（哲学）教研组，由校党委书记、副校长陆维特教授兼任主任，1956 年 9 月增补朱天顺为副

---

① 《厦门大学 1953—1954 年度第二学期工作计划》，《新厦大》1954 年 3 月 12 日，第 2—4 版。

主任；马列主义基础教研组（包括“中国革命史”和“马列主义基础”两门课程），由校党委副书记、政治辅导处主任张玉麟教授兼任主任，邹永贤兼任副主任。[①] 马列室主任仍由张玉麟兼任，邹永贤于1956年2月25日从教务处教务科第二科长岗位调任马列室副主任。[②] 政治经济学教研室继续挂靠在经济系，仍由王亚南校长主持。1956年9月，刘熙钧、陈可焜接任政治经济学教研室副主任。1958年1月，政治经济学教研室主任改由经济系副教授袁镇岳兼任，学校同时也免除了陆维特兼任的哲学教研组主任一职。[③]

图1-2　校长王亚南教授兼任政治经济学教研室主任

图1-3　校党委书记、副校长陆维特教授兼任辩证唯物论与历史唯物论（哲学）教研组主任

图1-4　校党委副书记、政治辅导处主任张玉麟教授兼任马列主义基础教研组主任

厦门大学党的基层组织是经历革命运动和教育事业发展而日益壮大的。新中国成立以后，学校党的领导力量不断加强，党的基层组织得以不断健全。1955年1月，学校成立中共厦门大学中国革命史教研室支部，由王新整担任党支部书记。1956年2月，学校党委批准成立中共厦门大学马列主义教研室支部，王新

① 厦门大学档案馆藏，厦大人事档56—5。学校原拟将“中国革命史”和“马列主义基础”分设教研组，但最终决定合并设置。

② 厦门大学档案馆藏，厦大校办档56—24。

③ 厦门大学档案馆藏，厦大人事档58—7。

整、盛新民先后担任党支部书记，陈孔立担任党支部副书记。[①]

（三）政治课教师日常管理下放到各系

鉴于厦门大学党委在学校各方面的工作中已充分发挥领导、监督和保证作用，经请示中共福建省委同意后，学校于1956年9月撤销政治辅导处，政治辅导处职掌范围内的工作由校党委统一安排。

1958年12月中旬，厦门大学党委召开政治理论教育工作会议，决定撤销马列室，改在校党委宣传部内设立"政治课教研室"，下设哲学、政治经济学、社会主义三个教研组和一个资料室。校党委常委、教学科学研究部部长邹永贤兼任政治课教研室主任，宣传部副部长朱天顺兼任副主任。政治经济学教研组仍挂靠在经济系，但学校党委明确宣传部要抓全校"政治经济学"的教学工作。政治课教研室既是党委宣传部直接领导的组织，在行政上又是校务委员会的直属教研室。

校党委同时决定政治课教员全部下到各系，归其所承担政治课教学任务的系党总支具体领导。各系党总支成立政治课教研组，系党总支书记任主任，副职一般由政治课教员担任。政治课教师在系党总支的统一领导下从事政治课教学，同时参与开展师生思想政治工作。校党委强调，政治课是统帅课，在所有课程中应当居于第一位。政治教育工作中既有"游击战"，又有"阵地战"，既要能解决当前存在的实际问题，又要能给学生以较有系统的理论武装，提高其政治鉴别能力。[②] 所有政治课教师必须加强政治锻炼和思想修养，既要有较高的政治理论水平，又要有丰富的基层工作经验，既做好政治理论教育工作，又做好经常性的政治思想工作，"真正成为党的驯服的得力的宣传员，在任何重大政治运动中都作促进派"。[③]

按照校党委的要求，政治课教研室、系党总支在开展政治课教学中应当各司

---

① 中共厦门大学委员会党史编委会：《中国共产党厦门大学组织史简编》，厦门大学出版社1996年版，第150～151页。

② 东羽：《党委召开政治理论教育工作会议》，《新厦大》1958年12月25日，第1版。

③ 《把政治理论教育工作会议的精神贯彻到广大群众中去》，《新厦大》1958年12月25日，第1版。

其职：

政治课教研室的主要职责是：(1)制订教学计划和教学大纲。(2)对各系政治课教学进行检查督促，组织经验交流。(3)经常地提供教学资料。(4)从建立一支坚强的马列主义理论队伍的要求出发，解决培养师资工作中的共同性问题。(5)解决政治教师思想上带有倾向性、共同性的问题。(6)组织校党委委员、系总支书记“种试验田”，上政治课。

系党总支领导政治课的主要职责是：(1)经常领导各系政治课教学，组织政治课教师编写讲义，经常检查政治课教学的质量，总结教学经验。(2)组织政治课教师进行科学研究工作。(3)分配政治课教师进行政治思想工作。(4)负责对政治课教师进行政治思想工作。(5)培养提高政治课师资，使他们又红又专。①

政治课教师分散到各系，一方面有利于加强理论联系实际，密切师生关系，充分了解学生的思想状况，增强课堂教学的针对性和有效性，另一方面可以争取所在系党政领导的有力支持，调配班主任和青年业务教师担任政治课辅导教员，指导学生开展讨论、辩论、小结等，解决班教员极度缺乏的难题。但是，这种做法并不利于政治课教师集体备课，不利于发挥政治课各业务教研组的作用。各系党总支领导政治课教研组成员参与开展师生思想工作固然不成问题，但对于领导开展政治课教学就有点力不从心。有的系甚至给政治课教师安排了过多的社会工作，导致备课时间无法保证，忽视了理论水平的提高，影响到教学质量。

1959 年 12 月，学校决定恢复马列室建制，分散到各系的政治课教师全部回归。马列室统一领导全校政治课教学，下设哲学教研组、社会主义共产主义教研组、中共党史教学小组和政治经济学教学小组。其中，政治经济学教学小组已经与经济系脱钩(经济系仍保留原有的政治经济学教研组，但主要承担本学科的专业课教学任务)，8 名教师均为当年刚毕业的新助教。各系保留由担任该系政治课教师组成的教学小组，协助系党总支开展师生思想工作和搞好学生的思想政治教育课(即形势与任务课)。校党委常委、宣传部副部长(1960 年 5 月任部长)邹永贤兼任马列室主任，黄志贤担任副主任，梁敬生任马列室党支部书记。

1961 年，马列室创办了具有一定规模的党史陈列室，对宣传党的历史和配

---

① 《党委吴副书记在政治理论教育工作会议上的总结报告》，《新厦大》1958 年 12 月 25 日，第 2、3 版。

合当时党史教育发挥了积极作用。马列室在认真组织开展政治课教学工作的同时，也积极对外履行社会责任。为支援新建的福州大学，马列室克服困难输送了7名教师。1958—1961年间，马列室先后为闽南、闽中、闽北各高等学校培训了21名进修教师；选派教师为厦门医学院（1962年并入福建医学院）讲授社会主义、哲学等课程，参加福建省委宣传部主持的哲学、政治经济学教科书，以及福建地方党史的编写工作。[①]

（四）哲学系的复办与撤销

1960年2月，学校决定筹办马列主义系（后定名为哲学系[②]），拟招收有实际工作经验并具有高中文化水平的干部，或有较高政治素质的高中毕业生，修业年限4年，修习课程23门。筹建工作由马列室具体负责。

5月，学校宣布由校党委宣传部副部长朱天顺兼任马列室主任和哲学系主任。8月，成立中共厦门大学马列室、哲学系总支部委员会，邹永贤兼任党总支书记，朱天顺、黄志仁担任党总支副书记。9月，哲学系49名新生入学，他们中绝大部分是从本省各机关、矿厂和企业中挑选出来的，经过一定时期工作考验的职工、干部，其余部分则是从我校工农预科直接升学的调干生。

1961年7月，根据中央的调整方针和福建省委的指示精神，考虑到师资力量缺乏和学科基础薄弱，部分专业课程如"中国哲学史""西洋哲学史"等一时难于开出，学校决定裁撤哲学系，6名哲学教师并入马列室哲学教研组，学生中近10人转入经济系继续学习，其余人员则返回原单位工作。

哲学系停办后，马列室主任仍由朱天顺担任。马列室下设哲学、政治学、政治经济学3个教研室和中共党史教研组，分别由商英伟、陈安、黄九如和黄志仁负责。党组织恢复为支部设置，张澄清、周达西先后担任党支部书记，蔡清志担任党支部副书记。

1964年春节，毛泽东同志发表了关于教育革命的谈话，提出了"学制可以缩

---

① 邹永贤、朱天顺等：《关于政治理论课教育工作的几点经验》，中共厦门大学委员会党史编委会：《厦大党史资料（第三辑）》，厦门大学出版社1989年版，第351～352页。

② 厦门大学1922年创办有哲学系，1923年首次招生，1934年6月因学校调整办学规模被撤销。

短”“课程可以砍掉一半”，以及改革考试制度和注重社会生产实践等主张。随后，学校根据中央和福建省委的指示精神，先后组织师生深入农村开展社会主义教育运动，并推动“半农半读”等教育大改革试验，政治课教师成为其中一支骨干力量，课程教学受到较大影响。

第二节　马列室的恢复和重建

一、“文革”后期马列室的恢复与哲学系的复办

（一）马列室的重新恢复

“文革”期间，马列室遭到了严重冲击，正常的教学工作无法开展。迨至1969年11月，马列室被解散，政治课教师分散到各系或下放到地方工作。

1970年10月，学校开始试办工农试点班，共招收具有初中以上文化程度的工农学员321名，分布在文理科各系的11个专业。这些学员在校学习期间，不仅要比较系统地学习“党内两条路线斗争史”，而且要认真阅读《共产党宣言》、《哥达纲领批判》、《国家与革命》和毛泽东的5篇哲学著作。有的还要求学习列宁《唯物主义和经验批判主义》的重要章节。[①] 1972年12月，学校决定对全校教研机构重新进行调整，并根据当时实际需要设置了40个教研室（组）。其中，“政治理论教育组”负责政治理论课教学工作，隶属于校革委会政治处，政治处副主任罗芬兼任组长。教育组下设党史、哲学和政治经济学三个教研组。

1973年上半年，学校着手重建马列室。8月24日，学校发文撤销政治理论教育组，在政治处之下设立马列主义教研室，下设中共党史、政治经济学、哲学、国际共产主义运动史4个教研组和一个资料室。教研室设主任、副主任，教研组设组长、副组长，并配备1名教学秘书、2名资料员。10月，马列室正式恢复，同时成立马列室党支部。白兰担任马列室主任兼党支部书记，邹永贤、罗芬、鲍振

① 中共厦门市委党史研究室：《中共厦门地方史专题研究（社会主义时期Ⅳ）》，中央党史出版社2007年版，第183～184页。

元任副主任，罗芬兼任党支部副书记；1975年1月，邹永贤接任马列室主任，罗芬担任马列室党支部书记。

马列室恢复后，现有担任公共政治理论课的教师（包括在各系的政治理论课教师）统一归马列室管理，实行统一备课，分开教学。政治理论课教师在各系教学期间，应受该系党总支和马列室的双重领导。

马列室的任务是：(1)对政治理论课教师实行政治思想领导和组织领导，管理政治理论课教师的政治学习和经常性的政治思想工作。(2)统一安排全校政治理论课，组织政治理论课的教学工作，检查、总结和交流经验，认真抓好政治理论课的教育革命，不断提高政治理论课的教学质量。(3)统一安排政治理论课教师政治上的再教育，业务上的再学习，包括下放劳动锻炼、下厂下乡、社会调查、科学研究等。

各系党总支对政治理论课的领导主要体现在：(1)检查政治理论课的教学质量，组织政治理论课教师了解任课班级学生的政治思想动态，使政治理论课教学能够做到理论联系实际。(2)加强对政治理论课教学和政治理论课教师的政治思想领导和组织领导，使政治理论课的教学能够真正起到转变学生思想的作用。(3)各系可成立政治理论课教学小组，由系党总支领导干部负责，政治理论课教师参加，及时研究学生的思想状况，解决政治理论课教学联系实际的问题。系党总支在每学年开始时，应对学生学好政治理论课进行动员，年终应结合政治思想工作进行总结。①

(二)哲学系的再次复办

1974年10月，学校以马列室哲学教研组为基础，成立复办哲学系筹备小组，由罗芬担任组长。1974年11月和1975年6月，学校先后两次向中共福建省委呈递报告，建议复办哲学系。“如能恢复设立哲学系，对我校中文、历史、经济等系以至理科各系的教学、科研工作，都会有一定的推动作用；同时，对加强我

① 《关于加强政治理论课工作的请示报告》(1973年8月9日)，厦门大学档案馆藏，厦大校办档B72—34。

省、我校理论队伍建设，深入开展上层建筑领域的革命，也将是个很大的促进。”[①]1975年9月，福建省革命委员会教育局批复同意厦门大学恢复哲学系，并提出“要在多办和办好进修班、短训班和函授教育的基础上，有计划地举办普通班”。[②] 于是，为锻炼教师队伍和取得办学经验，学校从1975年底至1976年底，先后接受福建省三明地区总工会、同安县总工会和三明地区共青团等单位的委托举办了4期哲学理论骨干短训班，培训学员240多人。[③]

1976年底，哲学系正式复办。复办后的哲学系下设马克思主义哲学原理原著、西方哲学史、中国哲学史、国际共运史4个教研组，马列室成为哲学系的下属机构。马列室之下又设中共党史和政治经济学2个教研组，与哲学系的原理原著及国际共运史教研组共同承担全校公共政治理论课的教学任务。1977年，学校任命邹永贤为哲学系主任，罗芬为哲学系党总支书记。

二、马列室的独立重建

1978年4月，教育部办公厅印发《关于加强高等学校马列主义理论教育的意见》。文件指出：当前高等学校马列主义理论教育存在的问题很多，但解决这些问题的关键，是建立健全各级理论教育的领导体制。许多高等院校的马列主义教研室，属于系（处）级编制的单位，直属高校党委领导，这是比较合适的。[④]为适应加强政治理论课教学的需要，1978年12月27日，厦门大学决定马列室恢复为独立的系级建制，校党委宣传部副部长梁敬生兼马列室主任，陈章干任党支部书记，鲍振元、林超、林德忠、刘宝树担任副主任。但因两个单位的相关教学

---

① 《关于建议恢复厦大哲学系的请示报告》（1974年11月6日），厦门大学档案馆藏，厦大校办档B74—57。

② 《关于同意厦门大学恢复哲学系的批复》（1975年9月30日），厦门大学档案馆藏，厦大校办档B75—15。

③ 厦门大学校史编委会：《厦门大学院系馆所简史》，厦门大学出版社1990年版，第248页。

④ 《教育部办公厅关于加强高等学校马列主义理论教育的意见》（1978年4月），教育部社会科学司：《普通高校思想政治理论课文献选编（1949—2006）》，中国人民大学出版社2007年第2版，第70～74页。

人员行政隶属关系没有明确，重建工作未获实质性进展。

1980年1月24日，学校党委下发《关于重新组建马列室的通知》，再次明确将哲学系中的中共党史、政治经济学以及国际共运史三个教研组分出，重新组建马列主义教研室，并明确了从国际共运史教研室和现有哲学系教师中抽调人员名单。马列室同哲学系分开后，确定为马列室的人员，其编制、工资、党团组织关系一律转马列室。3月，学校召开马列室重建工作会。校党委书记曾鸣在会上强调，高等学校开设政治理论课，对学生进行马列主义毛泽东思想教育，是社会主义大学的特点和优点。政治课在整个高等教育中占有重要的地位，不能削弱，而要大力加强。全体政治课教师要解决好自己对马列主义的态度，要有坚定性和认真学习的态度；在教学实践中，要注意理论联系实际，有的放矢地进行教学，培养学生树立无产阶级世界观和掌握科学的方法论。政治理论教育要和形势教育、党团教育以及课外活动有机地配合，使我校的思想政治工作能扎扎实实地强有力地开展起来，为培养更多的又红又专的人才多做贡献。[①] 独立重建后的马列室设有中共党史、政治经济学、马克思主义哲学、国际共产主义运动史4个教研组和1个资料室。

1981年1月，林超担任校党委宣传部副部长兼马列室主任，黄志仁、黄光贤、刘宝树、林德忠先后被任命为马列室副主任；9月，黄志仁代理党支部书记。1984年12月，黄志仁担任马列室主任，欧阳佑民接任党支部书记。[②]

三、马列室与政治系合署办公

1983年7月，校办公会议研究决定学校增设科学社会主义专业，由哲学系负责筹建，并将马列室国际共产主义运动史教研组的全部教师及其教学任务划归哲学系，作为科学社会主义专业的基本力量，成立科学社会主义教研室。1984年9月，科学社会主义专业开始招收本科生。

① 陈奕练：《加强政治理论教育 校重建马列主义教研室》，《厦门大学》1980年4月10日，第1版。

② 厦门大学校史编委会：《厦门大学院系馆所简史》，厦门大学出版社1990年版，第270页。

1985年7月，为适应新时期国家建设和改革开放的现实需要，学校决定借助哲学系和马列室现有的师资力量筹备复办政治系，以便培养社会主义现代化建设所急需的政治工作专门人才。1986年4月，经校办公会议研究讨论决定复办政治系，[①]归隶政法学院。哲学系科学社会主义专业改称政治学专业，相关教师与马列室全体人员联合组成政治系。政治系与马列室采取"一套机构，两块牌子"的做法，马列室仍保留原有的牌子和印章，便于对外联系。政治系（马列室）下设7个教研室，其中的哲学、政治经济学、中国革命史和共产主义思想品德（德育）4个教研室，以承担全校的公共政治理论课和共产主义思想品德课为主。政治课由校党委直接领导，政法学院和政治系负责组织教学、科研工作和师资培养，政治系应设一副主任岗位负责全校公共政治理论课和共产主义思想品德课的教学管理。宣传部负责政治理论课的教学方向、教学人员的调动、加强教书育人等工作。学校同时强调，政治系成立后，应当下大功夫统筹兼顾，合理安排人力，进一步推进我校政治理论课教学改革，保证教学质量。承担政治课教学各教研室的人员组成暂时维持原状，不作变动，避免影响到政治理论课教学。但今后随着学科队伍的发展和教学工作的需要，经民主协商可逐步在教研室之间进行个别人员的调整。[②]9月26日，学校任命黄强为政治系主任，黄光贤、吴仲平为副系主任；欧阳佑民任政治系党支部书记，1987年增补游泽民担任党支部副书记；1988年11月，政治系党支部改设为党总支，吴仲平、游泽民任党总支副书记；1989年9月，吴仲平任政治系党总支书记。黄九如（1987年3月）、陈铁民（1989年11月）先后被增补为副系主任。[③]

1989年1月，学校同意在政治系增设研究生马克思主义理论课教研室，负责承担全校研究生公共政治理论课教学任务。

---

① 1926年6月，厦门大学曾在法科之下设立政治学系，几经兴废，1950年被撤销。

② 《关于成立政治系的通知》（1986年4月18日），厦门大学档案馆藏，厦大校办档B86－21。

③ 中共厦门大学委员会党史编委会：《中国共产党厦门大学组织史简编》，厦门大学出版社1996年版，第151～153页。

第三节　马列部的稳步发展与思政课教学体制改革

一、“马列主义教研室”更名为“马列主义理论教学部”

1989年春夏之交的政治风波后，邓小平严肃地指出：“十年最大的失误是教育，这里我主要是讲思想政治教育，不单纯是对学校、青年学生，是泛指对人民的教育”。[①] 为充分发挥马克思主义理论教育课应有的战斗功能，当时有政治课教师投书《厦门大学》报呼吁：我们要“彻底克服轻视马克思主义理论教育课、教育者不能理直气壮地教、受教育者厌学抵触，以及各种‘淡化政治课’的不良倾向。”“为了保证和进一步提高马克思主义理论教育的质量，要在校党委的领导下，提高马克思主义理论教师的思想水平和理论水平，配足必要的师资力量，加强马列主义教研室的组织建设，成立校马克思主义教育中心，以调动各方面的力量。”[②]

1990年5月5日，学校决定将马列室和政治系分开，各自独立为系一级教学单位（正处级）。黄九如担任马列室主任兼党支部书记，陈铁民为副主任。随后，参照国内其他高校的通例，学校于1990年12月24日发文将马列主义教研室更名为“马列主义理论教学部”（简称“马列部”）。1991年10月，李来伙任马列部党支部书记，同时增补王乌凡为副主任。马列部下设中国革命史、政治经济学、哲学、研究生公共课等4个教研室，另外还设立有毛泽东思想研究室、社会主义经济思想研究室和当代社会思潮研究室。1993年11月，陈宣明任马列部党支部副书记。翌年2月，转任党支部书记。1996年5月，马列部行政领导班子换届，苏劲任主任，何其颖、徐朝旭为副主任。2001年11月，徐朝旭兼任马列部党支部书记。

---

① 邓小平：《在接见首都戒严部队军以上干部时的讲话》，《邓小平文选》第3卷，人民出版社2001年版，第306页。

② 黄九如：《切实加强高校马克思主义理论教育》，《厦门大学》1989年10月15日，第4版。

图 1-5　马列主义理论教学部牌匾

马列部党支部是校党委的直属党支部。党支部采用灵活多样的形式深入推进基层党建工作，把文件学习与专家讲座、理论学习和社会调查结合起来，寓思想道德教育于办实事之中，注重发挥部门工会的桥梁纽带作用，尽力帮助解决师生员工思想问题和实际问题，做生活的有心人和群众的贴心人，在无形中发挥思政教育的威力，为推动政治理论课教学改革和马列部事业发展提供坚强的组织保证。①

1997 年秋，马列部设有哲学、经济学、中国革命史、世界政治经济与国际关系、研究生公共课等 5 个教研室，以及毛泽东思想研究室、社会主义经济思想及当代社会发展和思潮研究室，福建省“建设有中国特色的社会主义理论基地”厦门大学研究中心。马列部在完成全校本科生、大专生、硕士研究生及博士研究生的公共政治理论课的教学任务外，还招收科学社会主义专业硕士生近十届和一届研究生班。②

① 《围绕科研抓党建 抓好党建促科研——马列部直属党支部党建推动两课教学改革》，《厦门大学报》2003 年 5 月 23 日，第 1、3 版。

② 厦门大学社科处：《厦门大学人文社会科学研究概览》，厦门大学出版社 1997 年版，第 35～36 页。

二、马列部的发展壮大

(一)思想教育教研室并入马列部

思想教育教研室的前身是德育教研室,习惯上两者均被简称为“德育室”。为加强和改善学生思想政治教育工作,学校曾于1979年、1980年连续两次召开全校政治工作会议,强调要把思想政治工作放在重要地位,并建立必要的队伍和制度。1982年2月,校党委提出创办思想政治教育研究室,一方面通过多种多样形式,对学生加强系统的德育基础教育,逐步开设德育基础课;另一方面要研究新时期大学生的思想状况、发展规律,提高思想政治工作的科学性和战斗性,把思想政治工作这一门科学真正搞上去。[①] 7月6日,校党委正式发文决定成立共产主义品德教育教研室(简称“德育教研室”),由校党委宣传部负责管理和指导。该教研室不仅承担全校本、专科生的思想品德课的教学工作,还要负责调查学生的思想状况、总结研究学生思想政治工作的经验和规律,开展学生日常思想政治工作。1983年2月26日,学校任命兰福谦担任德育教研室主任,林耀欣担任副主任。

德育教研室既是教学科研机构,又是思想政治工作机构。德育教研室建立之初,设有道德修养、形势任务和美育3个教研组,配备专职教学管理干部和资料人员。德育教研室的师资分为专职和兼职两部分。专职教师要求调配政治思想好、业务能力强、热心学生思想政治教育、有一定教学经验的教师,他们参与研究制定教学计划,负责编写教学大纲和教材,调查研究学生思想状况,承担部分课程的讲授任务。兼职教师主要由从事学生思想政治工作的校、系团干部、辅导员组成,经校党委同意也可聘请部分校、系党政干部和有关学科的教师为兼职教师,兼职教师也负有编写部分教材和讲授任务。形势任务教研组、美育教研组的教学人员由校党委宣传部等单位的有关干部组成。对于承担一定教学任务的专职政工干部,均按“双肩挑”给予评定教师职称,具体参照《高等学校学生思想政

---

① 《校党委关于加强和改善学生思想政治教育工作的意见》(1982年2月),厦门大学校史编委会:《厦大校史资料(第四辑)》,厦门大学出版社1990年版,第391页。

治教育工作干部评定教师职称试行办法》中的有关规定办理。学校要求各单位对兼任德育课的干部和教师应予关心和支持，在时间上给予必要的保证，他们承担的教学工作应计入工作量。[①]

政治系成立后，德育教研室一度并入该系统一管理。到了1989年2月，为加强学生道德和思想教育，学校决定恢复独立组建思想教育教研室，负责开设“大学生思想修养”“法律基础”“形势与政策”“职业道德”等课程，同时经常性地调查学生思想观念变化状况，开展学生思想教育的科学研究，并配合学校培训思想教育队伍。原政治系的共产主义思想品德教研室和法律系的“法律基础”课程教学人员均并入思想教育教研室。思想教育教研室仍由校党委宣传部代管，业务上接受教务处、科研处的指导。教研室主任由校党委宣传部部长洪桂芳兼任，陈奕练任副主任。[②] 教研室下按课程设思想品德、形势与政策、法律基础3个教研组和1个资料室。根据国家教委[③]的文件规定，学校学生思想教育专职人员全部列为教师编制，均应参加思政教育教研室的教学和科研活动，思想教育教师职务资格的聘任工作也划归该教研室统一进行。1994年6月，辛明兴担任思想教育教研室副主任。

思想教育教研室成立以后，探索出了一套对大学生进行思想品德教育行之有效的教学方法。至1998年5月，教研室先后编写出《大学生成才修养》《思想道德修养》《新编法学基础》《大学法律基础》《法律概论》等5部教材，还在国家级学术刊物上发表论文9篇，在省市级学术刊物上发表论文18篇。[④]

1999年3月17日，学校下发通知，决定将思想教育教研室并入马列部。

---

① 《关于建立德育教研室的决定》(1982年7月6日)，厦门大学校史编委会:《厦大校史资料(第四辑)》，厦门大学出版社1990年版，第399～400页。

② 《学校组建思想教育教研室》，《厦门大学》1989年4月15日，第1版。

③ 1985年6月18日，六届全国人大常委会第十一次会议决定撤销教育部，设立国家教育委员会(简称国家教委)。1998年3月10日，九届全国人大一次会议表决通过国家教育委员会更名为教育部。

④ 《思想教育教研室举行成立15周年座谈会　畅谈德育课改革设想》，《厦门大学》1998年5月25日，第2版。

（二）军事教研室并入马列部

军事教研室成立于1987年11月，由副校长郑学檬教授兼教研室主任，武装部副部长杨良兴、教务处副处长刘金桂兼教研室副主任，吴温暖担任教研室副主任。[①] 军事教研室除了根据国家教委、总参谋部、总政治部制定的《高等院校学生军事训练大纲》的要求，制订学生军事训练计划和协调学校与承担军训任务的部队的关系、落实学生军事训练具体事宜外，还开设军事理论课，探索适合我国国情的学生军训方法。[②] 1988年春季学期起，教研室首先在1986级本科生中开设军事理论课，讲授军事思想、现代军事科学知识、外军研究、现代战争特点、战时动员、军事运筹学等内容，并采用幻灯投影和电视录像等现代教学手段。[③]

1989年2月，军事教研室与武装部合署办公，一套人马两块牌子。军事教研室早期的师资以本室专职军事教师和本校兼职教师为主，辅以军队派驻或从军队临时聘请的军事教员，其中专职教师的数量相当有限。在教学过程中，教研室注意严把教学方向，组织教师认真学习马克思主义军事理论和毛泽东军事思想，规定每个教师均应通读毛泽东的6篇军事著作，提高自身的理论素养，并在备课时把好教学内容关。[④] 教研室教师在负责军事理论课教学任务的同时，努力开展教改研究与探索，1988年7月，军事教研室组织教研室和历史系教师集体编写出版了《大学生军训知识》一书。1992年9月，教研室还组织校内外人员编写出版了《军事科学教程》一书，供高等学校军事理论课教学使用。1999年3月17日，因校内机构调整，武装部与学生工作部合署办公，军事教研室调整并入马列部。

思想教育教研室和军事教研室并入后，马列部的师资力量得到了进一步充实，学科建设情况有较大改观，特别是对加强“两课”（马克思主义理论课和思想

---

① 《学校成立直属军事教研室》，《厦门大学》1987年12月15日，第1版。

② 厦门大学校史编委会：《厦门大学院系馆所简史》，厦门大学出版社1990年版，第299页。

③ 《八六级学生将开设军事理论课》，《厦门大学》1988年1月15日，第1版。

④ 《厦门大学军事理论课教学工作总结》，厦门大学校史编委会：《厦大校史资料（第九辑）》，厦门大学出版社1996年版，第25～26页。

品德课)统一管理和领导,规范"两课"教学秩序,发挥"两课"思想政治教育的主渠道功能,起到了积极促进作用。至此,全校所有公共理论课程归由马列部统一组织和管理,马列部开设的本科生和研究生公共理论课由原来的8门增加到了11门。军事教研室认真抓好"四个一工程"建设,即一套课程管理标准、一套统编教材、一套多媒体课件、一套试题库。用课程管理标准来规范教学活动,用教材和多媒体课件来组织实施教学,用试题库来检查教学效果,形成规范化的教学过程管理体系。

至2000年初,马列部设有哲学、经济学(含世界经济与政治)、毛泽东思想、邓小平理论、思想道德、法律基础、军事理论、研究生政治理论等8个教研室及硕士生科学社会主义专业指导组。马列部坚持以马列主义为指导,紧跟时代发展步伐,密切结合社会主义建设实际,不断地探索思想政治理论教育新途径,积极推进思政课教学内容和教学方式改革创新,在教书育人、帮助学生树立正确的"三观"、培养社会主义"四有"接班人等方面作出了可贵贡献,多门思政课程被评为省、校优秀课程,多名教师被评为全国、全省优秀教师。[①]

(三)社会服务能力的拓展

20世纪90年代初开始,为拓展社会服务能力,马列部受福建省委组织部等部门委托,先后举办了"思想政治工作管理""市场经济管理"等专业证书班,招收具有高中毕业文化程度和一定工作经历的在职人员,经过一年或一年半时间的脱产或半脱产学习,修读课程8至10门,考试合格者发给相当于大专层次的证书,可在本行业工作范围内作为评定、聘任专业技术职务、管理职务和其他职务的任职资格的依据之一。另外,马列部还招收有市场经济等专业研究生课程进修班,学生修完规定课程后可以同等学力人员申请硕士学位。

---

① 厦门大学办公室:《厦门大学》,浙江大学出版社2000年版,第189页。

图 1-6 马列部第二期政工管理专业证书班开学典礼合影(1992 年 10 月)

2002 年、2003 年受厦门市人事局委托,举办社会工作与管理专业大专自考助学班,学员利用业余时间进行学习,由马列部选派教师负责面授辅导,学制 2 年。考试课程共 16 门,其中 5 门公共课由国家统考,其余课程为省统考。学员修完本专业规定的全部课程,考试成绩合格者,发给高等教育自学考试大专毕业证书。

(四)马列部党总支的设立

截至 2003 年 4 月,马列部直属党支部已有中共正式党员 60 人。其中,在职教工党员 34 人,退休教工党员 20 人,学生党员 6 人。马列部领导班子能贯彻民主集中制原则,有较为健全的决策机制,形成了重大事项由党政工行政会议讨论决定,具体事项由分管领导决策实施的工作制度。党支部积极探索教职工思想政治工作方式方法,注重实效性,具有一定的特色。学生中设有党小组,除根据自身的特点开展活动外,同时也参加支部组织的教职工政治学习和社会实践活动。

随着机构的调整扩充和队伍的日益壮大，校党委为加强基层党组织建设，2003年6月决定将中共厦门大学马列部直属支部委员会改设为中共厦门大学马列部总支部委员会。7月，马列部召开党员大会进行换届选举，吴温暖、苏劲、邱志强、房太伟、徐朝旭当选为新一届总支部委员会委员，徐朝旭担任党总支书记。

马列部党总支立足于“两课”教学在社会主义高校办学中的重要地位，坚持“围绕教研抓党建、抓好党建促教研”的党建思路，紧紧围绕“教学上质量、科研上水平”这一中心，把推动“两课”教学改革作为重头戏，努力克服党建和业务“两张皮”现象，在“参谋、监督、服务、参与”八个字上做文章，党政一同唱好“一台戏”，念好“一本经”，促进马列部教学科研迈上新台阶。马列部大胆地把竞争机制引入教学领域，极大地提高了“两课”教育和教学的课堂效果，深受学生的欢迎，其基本做法和经验曾入选“全国青年学习邓小平理论经验交流会”。1995—2000年，马列部教师主持或参与20多项国家级、省级科研与教改课题，出版专著8部，主编教材10部，发表学术论文160余篇。[①]

三、思想政治理论课的教学体制改革

2004年8月，中共中央、国务院印发的《关于进一步加强和改进大学生思想政治教育的意见》强调指出，高等学校思想政治理论课是大学生思想政治教育的主渠道，是帮助大学生树立正确世界观、人生观、价值观的重要途径。要加强对思想政治理论课的宏观指导，采取有力措施，全面加强思想政治理论课的学科建设、课程建设、教材建设和教师队伍建设，切实改革教学内容，改进教学方法，改善教学手段，力争在几年内使思想政治理论课教育教学情况有明显改善。[②]

为提高思政课教师的教学科研水平，提升思政课的教育教学质量，学校于2005年6月作出了对马列部思政课教学体制进行改革的决定。按照改革方案，

---

① 厦门大学办公室：《厦门大学》，浙江大学出版社2000年版，第189页。

② 《中共中央、国务院关于进一步加强和改进大学生思想政治教育的意见》（2004年8月26日），教育部社会科学司：《普通高校思想政治理论课文献选编（1949—2006）》，中国人民大学出版社2007年第2版，第204页。

学校继续保留马列主义理论教学部名称，但将马列部办公室挂靠在校党委宣传部；军事理论教研室整体划归体育教学部，其他在岗教学人员与离退休人员按专业和课程分别转入相关学院，包括人文学院、经济学院、法学院和公共事务学院；办公室工作人员的去留，学校本着"尊重个人意愿"和"个人服从学校"的原则进行安排。7月，在岗教学人员及离退休人员全部调整到位。教学体制改革之后，教学人员的人事管理以及课程的教学安排均由相关学院具体负责，马列部办公室未再实质运作。

2005年9月，公共事务学院成立思想政治教育系，调整至该学院的思政课教师统一归入该系。调整到其他学院的思政课教师，则以直接加入已有系（教研室）或单独成立教研室的方式融入相关学科。思政课教学管理由教务处和研究生院统一指导。

学校推行思政课教学体制改革的初衷是希望借助校内相关学院的学科优势和学术传统，吸引相关专业的名家、名师参与思政课教育教学，增强思政课的思想性和吸引力。2006年6月，学校召开贯彻落实关于加强和改进思想政治理论课教育专题工作会议。会议指出，原马列部的教师分别划到几个相关学院，但是由于相关学院的专业师资本来就紧缺，因而思政课教学任务实际上仍由原马列部教师承担，人员与课程之间不相匹配问题比较突出。当务之急是进一步调整充实思政课教师力量，使之与所承担的课程教学量相适应，并与所在学院的专业教学形成互动。会议宣布成立厦门大学思想政治理论课领导小组和厦门大学思想政治理论课教学指导委员会，并提出招聘思政课首席教授（一级岗位）、成立课程组、打破专业限制选聘高水平教师承担思政课、变更考试方式、改变按班级组织教学等设想。①

---

① 《校党委召开专门会议研究部署思想政治理论课教学与研究工作》，《厦门大学报》2006年7月1日，第1、2版。

第四节　马克思主义学院的成立与发展

一、马克思主义研究院的组建

(一)组建学科研究平台的初步构想

学科研究平台是开展学术创新的重要载体,也是推进学科建设的重要基础。学校实行思政课教学体制改革之后,教师分散到各相关学院,学科发展和力量整合显然失去了依托。在2006年6月学校召开的贯彻落实关于加强和改进思想政治理论课教育专题工作会议上,与会人员提出要利用本校多学科、强势学科的优势设立马克思主义理论研究中心,对内凝聚现有学科力量,对外吸引人才,创建马克思主义一级学科,但该设想未获实质性推动。

2007年9月,校党委印发《厦门大学关于贯彻〈中共中央国务院关于进一步加强和改进大学生思想政治教育的意见〉的实施意见》,再次提出为深入推进马克思主义理论研究和建设工程,促进马克思主义中国化最新成果的研究工作,学校拟组建马克思主义研究院,加强马克思主义理论一级学科及相关二级学科建设。

2008年7月,中宣部、教育部召开加强和改进高校思想政治理论课工作会议,提出全国各高校都要独立设置直属学校领导的思政课教学科研二级管理机构。同年9月,中宣部、教育部印发的《关于进一步加强高校思想政治理论课教师队伍建设的意见》明确规定:“各高等学校应当建立独立的、直属学校领导的思想政治理论课教学科研二级机构。该机构是思想政治理论课教学部门和马克思主义理论研究机构,又是马克思主义理论学科点的依托单位。其职责是:统一管理思想政治理论课教师,负责思想政治理论教学、科研、社会服务和相关管理工作;负责马克思主义理论学科建设、人才培养和教学科研梯队建设等工作。”[①]因此,各高校加快落实文件精神,健全教研组织,设立独立的、直属学校直接领导的思政课教学科研机构,推进马克思主义理论学科建设,已经是一项刻不容缓的政治任务。

(二)马克思主义研究院的成立与运行

2008 年 2 月,学校在《厦门大学 2008 年工作计划要点》中明确提出,要完成马克思主义研究院组建工作,加强中国特色社会主义理论体系的系统研究。8 月 9 日,学校任命公共事务学院院长陈振明教授兼任马克思主义研究院院长。

图 1-7 厦门大学马克思主义研究院成立并举行揭牌仪式(2009 年 4 月 6 日,潘万华摄)

2009 年 3 月 18 日,学校宣布成立马克思主义研究院。研究院为直属学校

① 《中共中央宣传部 教育部关于进一步加强高等学校思想政治理论课教师队伍建设的意见》(2008 年 9 月 23 日),教育部思想政治工作司:《加强和改进大学生思想政治教育重要文献选编(1978—2014)》,知识产权出版社 2015 年版,第 374~376 页。

领导的二级建制单位，专职教师编制18人（教授、副教授和助理教授各6人），行政编制3人。根据需要，研究院还可以聘请一批校内外、国内外的双聘或兼职教授或研究员，以加强研究力量，扩大学术影响。为实现在较短时间内把马克思主义研究院建设成为福建省及国内高水平的马克思主义理论学术创新平台，党和政府决策的思想库、智囊团以及理论宣传、教育和培训基地这一目标，研究院实行"机构开放、人员流动、内外联合、竞争创新"的运作方式，通过建立协调机制和协同工作网络，采取项目招标或课题委托等形式，整合校内外各方力量组织开展学术研究。①

4月6日，校党委书记朱之文在马克思主义研究院揭牌仪式上表示，成立马克思主义研究院是大力推进理论创新、服务发展大局的需要；是坚持正确的办学方向、巩固马克思主义指导地位的需要；是弘扬我校优良传统，不断与时俱进、开拓创新的需要。研究院要积极探索我国改革开放和现代化建设以及海峡西岸经济区建设的重大理论与实践问题，大力推进马克思主义理论创新；以教学指导、质量监控和队伍规划为核心，统筹、指导和协调全校思政课教学；发挥多学科优势，整合研究力量，加强马克思主义理论一级学科建设和研究生培养工作；开展中国特色社会主义理论体系的宣传普及、决策咨询和干部培训等工作；围绕"出人才、出成果"的目标，努力造就一支政治强、业务精、作风正的马克思主义理论队伍，特别要着力培养政治思想坚定、学术造诣深厚、在国内外有影响的马克思主义理论研究的名师名家。②

为构建思政课可持续发展的学术支撑平台，学校将依托马克思主义研究院的"中国特色社会主义的理论与实践"项目列入厦门大学"211工程"三期重点学科建设项目，该项目强调跨学科、综合性和整体性研究，注重学术研究与实践探索相结合；以国家重点学科（政治经济学；人口、资源与环境经济学）、相关学科博士点（马克思主义哲学、政治学理论、行政管理、公共政策、宪法与行政法学、经济法、社会学、社会保障、中国近代史）、硕士点（马克思主义基本原理、思想政治教育、科学社会主义、中共党史）以及省级重点学科（政治学理论、行政管理、社会保

① 《厦门大学成立马克思主义研究院》，《厦门大学报》2009年4月6日（庆祝厦门大学马克思主义研究院成立专刊），第1版。

② 马进龙：《马克思主义研究院挂牌成立》，《厦门大学报》2009年4月11日，第2版。

障、中国哲学、外国哲学等）为主要学科支撑，设立当代马克思主义理论发展、经济体制改革与社会主义民主政治建设、科学发展观与和谐社会建设三个研究方向，围绕马克思主义理论体系，马克思主义中国化成果，当代国外马克思主义，深化经济体制改革，当代中国民主建设的环境条件、实践进程和推进战略，科学发展观的理论构建，社会管理与社会建设，可持续性与生态文明建设等九个子方向展开研究。通过整合上述研究力量，进行知识体系创新，推进中国特色社会主义理论与实践的整体性研究，阐述马克思主义中国化的理论成果，并用于指导中国特色社会主义的实践。[①]

学校还以马克思主义研究院为基础，与中共福建省委宣传部共建“中国特色社会主义理论体系研究与培训基地”，积极争取承担国家和省市理论研究的重大课题，推进中国特色社会主义理论体系的创新研究。基地建设的日常工作由马克思主义研究院具体负责。学校还将思政课建设纳入学校建设的总体规划，纳入党建与思想教育工作整体统筹考虑，做到思想政治理论课程与哲学社会科学其他专业课程相协调，课堂教育与日常教育相结合，教学与科研相促进，思政课教师与班主任、辅导员队伍相支持。

2009 年 12 月 17 日，学校召开加强和改进思想政治理论课建设工作会议，校党委书记朱之文提出要统一思想，深刻认识加强思政课的重大意义；要适应形势，进一步改革我校思政课的管理体制；要抓住重点，把加强思政课的措施落到实处。[②] 校长朱崇实针对思政课存在的问题提出四项解决措施：各级领导要高度重视；要大力加强思政课教师队伍建设，引进优秀人才；要切实有效地把教材体系转化为教学体系；要加强教法研究、完善实践教学体系。他还提出建立和监督思政课长效机制的四点要求：把思政课作为年度本科教学评估检查的重点；对思政课教师的评价要特别尊重学生的意见；设立专门的思政课教学督导组进行检查督导；建立书记、院长听课制度。书记、院长每学期至少听三次思政课，并采

---

① 《“中国特色社会主义的理论与实践”项目简介》，《厦门大学报》2009 年 4 月 6 日（庆祝厦门大学马克思主义研究院成立专刊），第 1 版。

② 朱之文：《在全校加强和改进思想政治理论课建设工作会议上的讲话》，《厦门大学报》2009 年 12 月 18 日，第 1 版。

用行之有效的方法来解决听课过程中所发现的问题。[①] 校党委同时决定调整和充实学校思想政治理论课领导小组，由校党委书记和校长任双组长，分管学生工作的副书记和分管教学工作的副校长任副组长，学校相关职能部门为成员单位；调整和充实学校思想政治理论课教学指导委员会，由分管学生工作的校党委副书记和分管教学工作的副校长担任主任委员，马克思主义研究院院长担任副主任委员；依托马克思主义研究院成立马克思主义理论学科评议组，对思政课教师选聘和高聘进行学术评议。

会后，校党委印发的《关于进一步加强和改进思想政治理论课建设的意见》再次强调，马克思主义研究院要加强自身建设，应先抓好思政课教师编制和岗位建议方案的制定、全校思政课的教学改革和课程体系建设与教学质量的监控和检查、马克思主义理论一级学科和相关二级学科建设、统筹用好马克思主义理论重点学科建设经费和思政课课程建设专项经费，并承担相应的组织管理工作。学校要求各学院各单位要从全局的高度，发挥优势，相互配合，全力支持推进马克思主义理论一级学科建设和思政课建设。

马克思主义研究院成立后，充分利用机构新、体制活等特点，从校内外选拔引进若干富有潜力的青年骨干教师，并且加强校内学术研究力量的整合，统筹推进马克思主义理论学科建设，以学科带队伍，以科研促教学，组织开展教学改革和学术交流，积极承担社会服务项目，在各方面均进行了有益探索并取得了一定成绩。2011 年 6 月，马克思主义研究院与中央编译局当代马克思主义研究所在厦门大学联合举办“马克思主义与当代社会科学”学术研讨会，来自全国各地的近 60 位专家学者研讨期间系统回顾了马克思主义与当代社会科学的探索和发展，展望了中国马克思主义与当代社会科学的未来方向。[②]

---

① 《学校隆重召开加强和改进思想政治理论课建设工作会议》，《厦门大学报》2009 年 12 月 18 日，第 1、2 版。

② 《“马克思主义与当代社会科学”研讨会举办》，《厦门大学报》2011 年 6 月 28 日，第 2 版。

二、马克思主义学院的成立

2011 年 1 月，教育部《高等学校思想政治理论课建设标准（暂行）》重申，高等学校应当“独立设置直属学校领导的、与学校其他二级院（系）行政同级的思想政治理论课教学科研组织二级机构，承担全校本、专科学生和研究生思想政治理论课教学任务，统一管理思想政治理论课教师。有马克思主义理论学科点的机构同时应作为马克思主义理论学科点的依托单位，承担马克思主义理论科学研究、学科建设、研究生培养等工作”。文件要求所有高校要对照有关指标逐项开展自查，对没有落实的项目要制定整改进度表。①

图 1-8 教育部思想政治理论课专家督查组莅临厦门大学检查工作
（2011 年 7 月，潘万华摄）

2011 年 7 月 7 日，教育部专家督察组对我校思政课建设情况进行检查。督察组在反馈意见中充分肯定了我校思政课建设工作取得的成绩，并就学校如何全面贯彻落实教育部颁发的建设标准进一步加强思政课教学科研机构建设提出

① 《教育部关于印发〈高等学校思想政治理论课建设标准（暂行）〉的通知》，教育部思想政治工作司：《加强和改进大学生思想政治教育重要文献选编（1978—2014）》，知识产权出版社 2015 年版，第 434～436 页。

建议。校党委书记朱之文在反馈会上表示，学校将以此次督查为契机，加快推进思政课建设步伐，把马克思主义理论学科建设和理论研究提高到一个新的水平。[①]

2011 年 8 月 1 日，学校党委制定了关于进一步加强思想政治理论课建设的整改方案，决定撤销马克思主义研究院，成立直属学校领导的思政课教学科研机构——马克思主义学院。马克思主义学院承担全校本、专科生和研究生思政课教学任务，组织马克思主义理论一级学科建设，承担马克思主义理论学科的科学研究及理论创新与研究生的培养工作，结合党和政府以及学校各个时期的中心工作，开展马克思主义特别是中国特色社会主义理论体系的宣传普及、决策咨询和干部培训等方面的社会服务工作。学院设院长岗位 1 个、副院长岗位 3 个；院党总支书记岗位 1 个，副书记岗位 1 个。学校要求原先分散在人文学院、经济学院、公共事务学院、法学院的在职思政课教师和离退休人员，以及马克思主义研究院的专任教师，全部归属马克思主义学院统一管理。原下达各学院的思政课教师编制岗位由学校全部收回。8 月 2 日，学校发文任命许和山为中共厦门大学马克思主义学院总支部委员会书记，公共事务学院院长陈振明兼任马克思主义学院院长，张有奎、石红梅任马克思主义学院副院长。

10 月 27 日，学校召开马克思主义学院首届领导班子任命大会，校党委副书记陈力文在会上宣读了任命决定并强调，马克思主义学院的成立是马克思主义理论一级学科建设的内在需求，也将有利于我校进一步凝聚学科力量，建设学科梯队，为思想政治理论课程建设提供有力支撑。新一届领导班子应充分认识肩负的使命和面临的形势，着力推进学院学科建设、教师队伍建设和教学水平的提升，加强研究力量整合，为形成中国特色、中国风格、中国气派的马克思主义理论做出新的贡献。[②]

2013 年 7 月，增补原宗丽为马克思主义学院党总支副书记；9 月，白锡能接任马克思主义学院院长（白锡能曾担任过人文学院党委书记，校人事处处长，校党委常委、组织部部长等职，同时也是从事哲学研究的教授）。2016 年 9 月，增

---

① 赖炜芳：《教育部思想政治理论课督查组莅校检查》，《厦门大学报》2011 年 7 月 8 日，第 1 版。

② 赖炜芳：《马克思主义学院领导班子亮相》，《厦门大学报》2011 年 10 月 28 日，第 2 版。

补张艳涛为马克思主义学院副院长。

2014 年 3 月 12 日，马克思主义学院召开党员大会，选举产生了由石红梅、白锡能、许和山、张有奎、张艳涛、原宗丽、曾炜琴七位同志组成的新一届总支部委员会。许和山当选为党总支书记、原宗丽当选为党总支副书记。10 月 28 日，校党委决定撤销中共厦门大学马克思主义学院党总支部委员会，成立中共厦门大学马克思主义学院委员会，原任院党总支书记、副书记人员均随之分别改任为院党委书记、副书记。

图 1-9　马克思主义学院党员大会合影(2014 年 3 月)

2018 年 5 月 23 日，马克思主义学院召开党员大会。会议选举产生了由石红梅、许和山、杨晨、张有奎、张艳涛、佳宏伟、原宗丽七位同志组成的新一届党的委员会。许和山当选为党委书记、原宗丽当选为党委副书记。12 月，马克思主义学院领导班子进行了调整，校党委常委、宣传部部长、教师工作部部长徐进功兼任马克思主义学院院长，侯利标接任院党委书记，张有奎提任常务副院长、院党委副书记。2020 年 5 月，原宗丽转任学院副院长，杨建中接任院党委副书记。

2021 年 1 月，中共教育部党组任命徐进功为中共厦门大学委员会副书记。马克思主义学院院长仍由徐进功兼任。

图 1-10　马克思主义学院现任班子成员合影(2021 年 3 月)

三、马克思主义学院的跨越发展

马克思主义学院坚持学科、队伍建设并重,以制度建设为抓手,大力实施教学、科研、社会服务"三位一体"改革创新工程,推动学院中心工作有效整合。经过近十年的努力,学科建设与教师队伍的整体实力显著增强,思政课的教学质量明显提高,科学研究与社会服务的能力大幅提升,学院获得了跨越式的发展。2012 年 3 月,学院获得马克思主义理论一级学科硕士学位授权点;2018 年 3 月,学院获批建设马克思主义理论一级学科博士学位授权点;2016 年 10 月,学院成为首批福建省重点马克思主义学院。

2010 年,学校开始将马克思主义理论学科列为"985 工程"三期重点建设项目。该项目坚持从中国特色社会主义建设的现实需要出发,进一步整合校内优势资源,集成新的优势力量,跟踪当代国外马克思主义的发展前沿和马克思主义中国化的最新成果,聚焦中国特色社会主义建设的重大理论、战略和政策问题,设立了马克思主义基本原理、中国特色社会主义理论与实践、马克思主义发展史与国外马克思主义三个研究方向，进行知识体系创新，推进马克思主义理论的整体性研究。到项目中期检查时，项目研究团队自 2010 年 1 月至 2013 年 8 月已发表 CSSCI 论文 110 篇，其中一类核心刊物学术论文 48 篇，二类核心刊物学术论文 62 篇；出版专著 26 部；10 项科研成果获得省部级及以上奖励；累计承担科研项目 85 项，其中国家级项目 9 项，省部级项目 37 项，累计到位科研经费 631 万元。2012 年 12 月，教育部副部长李卫红在厦门大学繁荣发展哲学社会科学大会上曾评价说："厦门大学马克思主义学院虽然建院时间不长，但制度建设和人才队伍建设推进较快，发展势头很好。"希望厦门大学进一步深化马克思主义理论研究，为推动党的理论创新成果"三进"工作，推进马克思主义中国化、时代化、大众化做出新贡献。[①] 2014 年，马克思主义学院组织申报的"中国发展道路的理论与实践研究"被列为厦门大学哲学社会科学繁荣计划子项目。

2012 年 5 月 29 日，校党委书记杨振斌来学院调研时明确要求，马克思主义学院应当充分发挥自身学科优势，确保人才引进质量，加强重点突破，在中央和国家的重大需求和一些前沿热点问题方面多做研究。[②] 2014 年 5 月，学院制定的《马克思主义学院"十二五"发展规划和 2021 年远景规划》，科学判断学科发展趋势，顺应时代发展需要，确立了学院未来发展总体思路：一是实现两个转型，即教学型学院向教学科研并重型学院的转型，学院学科研究和建设方向的转型。二是构建四个"三位一体"模式，即以学科建设为龙头和基础，以办好思政课、落实立德树人为根本任务，以强化科研为支撑，以社会服务为实践载体，以队伍建设为核心，建构教学、科研和社会服务"三位一体"、三者相互促进的办学模式；以提升思政课的针对性、实效性和吸引力、感染力为目标，构建"课堂教学＋网络教学＋实践教学""三位一体"的教学体系和教学模式；以提升科研实力为关键，确立教学导向、学科导向和现实导向紧密结合的"三位一体"的科研导向；以凝练学科方向、夯实学科基础为重点，坚持学科主流、学科前沿和重大问题有机结合的"三位一体"的学科建设思路。

---

① 谭南周、李静：《厦门大学发布哲学社会科学繁荣计划 力争形成研究学派》，《中国教育报》2012 年 12 月 17 日，第 2 版。蔡虎堂：《教育部李卫红副部长对我院成绩给予积极肯定并提出殷切期望》，https://marx.xmu.edu.cn/info/1049/5406.htm。

② 蔡虎堂：《校党委书记杨振斌来学院调研》，https://marx.xmu.edu.cn/info/1049/5439.htm。

建设世界一流大学和一流学科（简称“双一流”建设），是党中央、国务院作出的重大战略决策，对于提升我国教育发展水平、增强国家核心竞争力、奠定长远发展基础，具有十分重要的意义。[①] 2017 年 9 月，教育部、财政部、国家发展改革委公布了“双一流”建设高校及建设学科名单，厦门大学被确定为一流大学建设 A 类高校。随后，学校将马克思主义理论学科正式列为需要着力打造的 11 个一流学科群之一，提出以马克思主义理论一级学科为骨干，同时依托哲学、理论经济学等一级学科，面向党和国家的重大战略需求和学科前沿，聚焦中国道路和当代世界发展的重大理论和实践问题，围绕《资本论》与马克思主义基础理论创新研究、中国道路与习近平新时代中国特色社会主义思想研究、习近平在闽思想方略及其实践研究、中国特色社会主义农村发展道路研究、马克思主义哲学若干前沿问题研究、马克思主义与当代世界发展研究等重点研究方向，推进高水平学术研究，为落实发展 21 世纪马克思主义、当代中国马克思主义的重大历史任务作出新贡献。2018 年 3 月，马克思主义理论学科入选福建省“双一流”高峰学科建设“A 类学科”。学院积极整合校内外优势资源，推动马克思主义理论学科在学校建设高水平大学过程中发挥领航作用，在落实立德树人根本任务中发挥关键作用，在党建和思想政治工作中发挥骨干作用。2017 年底，教育部学位与研究生教育发展中心公布了全国第四轮学科评估结果，厦门大学马克思主义理论学科跻身 B 档，位列全国前 20%～30%，科学研究的核心指标位列全国第 24 位。

马克思主义学院目前承担着全校思政课和军事理论课[②]教育教学，马克思主义理论人才培养、学科建设、科学研究、理论宣传、资政服务和党政干部培训等任务。现设有马克思主义基本原理、马克思主义中国化、中国近现代史、思想政治教育、形势与政策 5 个教研部和军事教研室，拥有福建省社会科学研究基地“中国特色社会主义研究中心”、福建省高校人文社会科学研究基地“马克思主义基础理论研究中心”、福建省马克思主义理论研究生教育创新基地、厦门大学与

---

① 《国务院关于印发统筹推进世界一流大学和一流学科建设总体方案的通知》，http://www.moe.gov.cn/ jyb_xxgk/moe_1777/moe_1778/201511/t20151105_217823.html。

② 为理顺校内管理运行机制，加强学校国防教育，促进学科融合发展，学校决定 2020 年 8 月起军事教研室从体育教学部转归马克思主义学院，其行政、教学、科研、人事、财务等由马克思主义学院统一管理。教研室教师岗位编制数 10 人，现有在岗专职教师副教授 4 人、助理教授和讲师各 2 人一并转入马克思主义学院。

国家林业局林改司共建的“中国农村林业改革发展研究基地”、厦门大学马克思主义与中国发展研究所、中国农村改革发展研究中心、池田大作思想研究中心、马克思主义学院新时代党建工作研究中心、国外马克思主义社会政治理论研究中心、思想政治理论课实践教学中心、思想政治理论课教学改革研究中心等科研机构和教学研究平台。学院成立时，办公场所位于成智一号楼，2013 年 5 月迁至成智二号楼，2016 年 6 月搬迁到囊萤楼二、三层和同安一号楼二层，总使用面积为 1255 平方米。

近年来，学校党委高度重视马克思主义学院建设发展工作，校党委常委会、校长办公会每年均多次专题研究思政课建设事宜，健全学校思政课领导小组和思政课教学指导委员会运行机制，加大政策支持和经费投入力度。校党委书记张彦、校长张荣等领导多次深入学院调研指导、参加集体备课直至走上思政课讲台，张彦书记亲自联系马克思主义学院和马克思主义原理教工党支部，所有校领导均具体联系青年思政课教师。学院不断加强战略谋划和顶层设计，深入实施综合改革创新工程，积极探索和推进“专题教学＋网络教学＋实践教学”的“三位一体”教学体系和教学模式；深化科研体制改革，大力推动科研工作“入主流、创特色、上水平”，科研实力和科研成果显示度得到显著提升；积极组织开展社会服务，加强智库建设和资政服务，努力提升教学科研成果有效转化为社会服务资源的能力，推动教学科研与党和国家战略需要的紧密结合，取得显著成效。徐雅芬、贺东航和张艳涛分别于 2013 年、2016 年、2020 年获得宝钢优秀教师奖；石红梅、张艳涛分别于 2014 年、2017 年被评为福建省优秀教师。马克思主义学院教师围绕党和国家的中心工作开展理论宣传，在《人民日报》、《光明日报》、《求是》和人民网、新华网等主流媒体上发表高水平理论宣传文章 130 余篇；资政报告有 50 余件获得省部级领导和机关事业单位批示或采纳；学院还设立了干部培训中心，秉持“知识创造价值，学术服务社会”的宗旨，结合党和政府在各个时期的中心工作，为全国各地党政机关和企事业单位开展形式多样的短期培训，培训学员已达 2 万余人。

学院党委坚持以一流党建和思想政治工作为学院的改革发展提供坚强保障，坚定师生的理想信念，引领正确政治方向，强化师生的使命感、责任感；加强理论武装，大力营造马克思主义和党的创新理论研究宣传氛围；夯实学院党建基础，积极探索特色党建工作。2016 年 7 月，学院党委荣获厦门大学先进基层党组织荣誉称号。全院现有7个教工党支部、7个学生党支部，师生党员214人。其中，教职工党员89人，研究生党员125人。在职专任教师中党员占比达87%。2014年7月，原宗丽获评福建省高校优秀共产党员。2017年3月，马克思主义基本原理教工党支部“在求知和实践中推进基层党建”工作案例获评教育部举办的全国高校“两学一做”支部风采展示活动“精品作品”。2018年8月，马克思主义原理教工党支部申报的“十九大精神有机融入‘马克思主义基本原理概论’课的路径研究”，在中共福建省委教育工委2016—2018学年高校党支部工作“立项活动”省级优秀成果评选中获得本科高校组一等奖。2016年4月4日，厦门大学革命史展览馆在同安楼一楼开馆，学校指定马克思主义学院为展馆日常管理和讲解工作责任单位。随后，学院党委在展馆设立了“党员先锋岗”，引导学生党员和入党积极分子利用课余时间充分发挥自身的专业优势，以高度的责任感和使命感做好展馆的志愿讲解工作，传承红色基因，赓续红色血脉，四年多时间内共接待全国各地参观人员达25000余人次。学院学生日常管理和学风建设工作曾获厦门大学2017年度评价指标数第一名。2020年12月，我院学生“讲故事·学四史”厦门大学革命史展览馆志愿服务项目在福建省志愿服务项目大赛中喜获大赛银奖，马克思主义中国化教工党支部申报的“发挥专业优势，助力学深悟透新思想”，在中共福建省委教育工委2018—2020学年高校党支部工作“立项活动”省级优秀成果评选中获得本科高校组二等奖。

2018年，院党委入选中共福建省委教育工委首批“全省党建工作标杆院系”培育创建单位、厦门大学首批教工党建工作示范点；2019年，院党委入选第二批“全国党建工作标杆院系”培育创建单位。2018年，马克思主义基本原理教研部党支部被列为首批“全国党建工作样板支部”培育创建单位，并于2020年12月顺利通过验收；马克思主义中国化教工党支部被列为中共福建省委教育工委首批“全省党建工作样板支部”培育创建单位。2020年12月，马克思主义中国化教工党支部书记冯霞工作室入选首批厦门大学“双带头人”教师党支部书记工作室培育创建单位。

图 1-11　学院教工党支部荣获福建省高校支部工作立项活动优秀成果奖

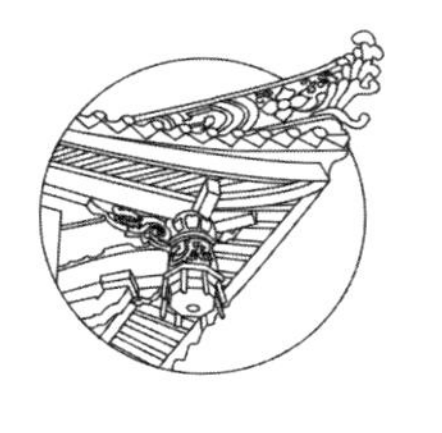

第二章
师资队伍
与学科发展

办好思想政治理论课关键在教师。思政课教师是高校教师队伍中开展马克思主义理论教育和研究的中坚力量，是党的理论、路线、方针、政策的宣讲者，是大学生健康成长的指导者和引路人。马克思主义理论学科是对马克思主义进行整体性研究的学科，不仅为思政课教育教学提供强有力的学理支撑，而且为思政课教师队伍素质提高起到积极推动作用。经过不懈努力，厦门大学马克思主义学院已经建立了一支素质优良、结构合理、后劲充足的思政课师资队伍。学院同时按照“入主流、创特色、上水平”的发展思路，全力推进马克思主义理论一流学科建设，学院核心竞争力和整体办学水平得到不断提升。

第一节　思政课师资队伍建设

一、思政课师资队伍的初步形成

（一）政治理论课开设初期师资队伍的艰难组建

政治理论课作为新民主主义文化教育的重要体现，开设初期面临的主要困难之一就是师资的严重匮乏。厦门大学当时同样也遇到这一难题，而且在相当长的一段时间内困扰着学校的政治理论课教学。

厦门大学在复课之初即按照要求开出政治理论课程。但当时校内能够承担政治理论课教学的教员相当有限，主要是由相关学科中了解马列主义基本理论或对马列主义有一些认识的进步教师兼任。1950—1951 学年开学后，尽管承担着繁忙的行政事务，王亚南校长仍坚持亲任“政治经济学”的主讲人，王亚南校长和章振乾教务长还是“新民主主义论”的主讲人，熊德基副教务长和法学院陆季蕃院长都是“社会发展史”的主讲人。有的教师如郑道传则身兼数职，既是“政治经济学”的班教员，又是“社会发展史”的主讲人之一，同时还担任学校大课教学工作委员会中心工作组组长兼联络股股长。由于缺乏师资，有的政治课只能暂时试点开设（如“马列主义基础”），有的政治课只好暂缓开设（如“辩证唯物论与历史唯物论”）。

政治理论课作为全校性公共必修课程，涵盖面广，修读学生多。由于主讲教师奇缺，政治理论课在刚开设时不得不采取大班讲演分组讨论的教学方式，教学效果受到较大影响。如 1950—1951 学年第一学期，300 多名师生挤在学校饭厅一起听王亚南校长上“政治经济学”课程。[①] 1952—1953 学年第一学期的“新民主主义论”课程，更有近 900 人安排在学校礼堂内借助扩音机上课，学生 4 个人挤坐一条板凳，连做笔记都觉得困难，后排同学根本看不清教师板书。[②]

1951 年 11 月，华东教育部发出指示，要求各高校的政治理论课如有条件应尽可能分班上课。[③] 由于师资培养跟不上需要，学校只好让一些政治理论课教师匆忙上岗，不仅理论水平不高，教学经验也显不足。例如，1953—1954 学年第一学期，中国革命史教研室有 17 名教师，其中 11 人完全或基本无教学经验，而担任过“中国革命史”课程的讲授或班教员一年者仅 8 人，从中国人民大学进修回校任课者 2 人，仅担任过一学期班教员或完全未任过本课程教学工作者为 7 人。[④] 因此，教师在政治理论课教学上出现理论分析不够深刻，对错误学派不能进行深入的批判，存在简单“骂”的偏向，对国内外发生的重大事件和学生关于这些事件的思想问题联系不够。[⑤] 再加上国家教育主管部门对政治课程的教学内容要求也在不断调整变动之中，教师有时感到无所适从，教学一旦全面铺开，“在

---

① 《厦门大学讲授“政治经济学”的情况》，厦门大学档案馆藏，厦大教务档 50—9。

② 《“新民主主义论”教学情况（1952.11.9—1953.1.24）》，厦门大学档案馆藏，厦大教务档 53—3。

③ 《关于华东区各高等学校 1951 年度上学期进行“社会发展史”等课教学工作的指示》（1951 年 11 月 1 日），厦门大学档案馆藏，厦大教务档 51—6。

④ 《“中国革命史”1953 年度第一学期教学基本总结》，《新厦大》1954 年 4 月 23 日，第 2 版。

⑤ 陆维特：《中共厦门大学委员会一年来工作总结和今后工作任务》，中共厦门大学委员会党史编委会：《厦大党史资料（第三辑）》，厦门大学出版社 1989 年版，第 56 页。

师资水平不高，基础不深的情况下，恐将遭到一定的困难”。[①]

不仅主讲教师紧缺，负责督促学生学习和指导学生分组讨论的班教员，一时也难以配备齐全。1950—1951 学年第一学期“社会发展史”课程以系为单位，每个系内聘请一位教员为该系的班教员，每名班教员指导的学生多在二、三组以上，人数有的多至五六十人。且班教员大多担任本系的业务课教学任务，有的还兼有校务行政或群团工作，平日既无法加强与学生的联系，小组讨论时因系轮流参加，故在指导学生学习、批阅课堂笔记和及时解答学生问题等方面也难起大的作用。到了第二学期，学校不得不增聘经济研究所研究生为学习干事协助政治课班教员工作，同时广泛发动高年级学生中政治理论修养较高者参加低年级学生的小组讨论，以为应急之策。[②] 1952 年，政治辅导处的部分工作人员和经济研究所的研究生亦兼“新民主主义论”课程的班教员，以补其缺。校党委还抽调一部分干部担任“中国革命史”“马列主义基础”课程的教师和班教员，学校团组织也对政治理论课和时事政策学习做了大量的工作。[③]

政治课教师按要求还要承担全校师生的政治学习辅导任务，进一步挤占了备课和上课的时间，师资力量无疑更显捉襟见肘。1953 年 4 月，为配合本校推进教学改革的要求，学校拟组织全体教师在一年半到两年内分三个阶段系统学习“辩证唯物论和历史唯物论”，包括毛泽东《实践论》和《矛盾论》，斯大林《辩证唯物主义和历史唯物主义》和《马克思主义与语言学问题》等文献，自学为主，辅以启发报告和小组讨论。[④] 10 月，按照中央高教部的规定，学校决定全校教师改学“中国现代革命史”，全面了解中国共产党领导人民进行革命斗争的历史，了解中国革命的基本问题等马列主义基础知识，提高教师的政治理论水平以利教学

---

① 《厦门大学政治课教学情况报告》，厦门大学校史编委会：《厦大校史资料（第三辑）》，厦门大学出版社 1989 年版，第 135 页。

② 大课委员会中心工作组：《1950 年度第二学期政治大课教学工作总结》，《新厦大》1951 年 8 月 10 日，第 3 版。

③ 张玉麟：《关于两年半来党的工作的基本总结》，中共厦门大学委员会党史编委会：《厦大党史资料（第三辑）》，厦门大学出版社 1989 年版，第 5 页。

④ 《全校教师将有系统地学习辩证唯物论与历史唯物论》，《新厦大》1953 年 4 月 21 日，第 1 版。

工作。[①] 这类政治学习的课程讲授和辅导工作亦是由政治课教师承担的。

1955 年 4 月，教育部在高等学校政治思想教育工作会议上提出，要在高等学校教师中有计划、有步骤地开展学术思想讨论和批判工作，以逐步清除资产阶级唯心主义思想在学术界的深刻影响，树立马克思列宁主义的唯物主义思想；要逐步发挥政治理论课教研组在政治思想教育工作和学术思想批判工作中的作用，政治理论教研组教师不仅自己要钻研马克思列宁主义理论，而且要帮助其他教研组教师学习马克思列宁主义理论，应有计划地安排政治理论课优秀教师到马列主义夜大学担任讲课和辅导工作。[②] 为帮助全校教职员系统学习马列主义理论，站稳唯物主义立场，更好地为教学和科学研究工作服务，学校于 1956 年 2 月开始举办“厦门大学马列主义夜大学”，并开设“中国革命史”“马列主义基础”“政治经济学”“辩证唯物主义与历史唯物主义”4 门政治课。除“辩证唯物主义与历史唯物主义”暂时安排自学外，其余课程则以讲授为主，辅以自学和课堂讨论，期终举行笔试。任课教师主要由政治课教师担任。“中国革命史”和“辩证唯物主义与历史唯物主义”一年修完，其他课程学习期限为一年半；各门课程都是每周 3 小时听课或讨论。[③]夜大学后来因故曾停办一段时间，至 1960 年秋继续开办。不仅开设有基础政治理论课学习班，还根据教职员工的不同需要，为理科程度较高的教师开办自然辩证法研究班，为已学过四门基础政治理论课的教职员开办经典著作学习班。[④]

（二）政治理论课师资队伍的培养途径

针对全国普遍缺少足够称职的政治理论课师资的现状，中共中央于 1951 年 9 月发出《中央关于挑选适当人员担任大中学校的政治课教员的指示》，明确指

---

① 《掌握马列主义基础知识 提高教学工作 教员下周开始学习“中国现代革命史”》，《新厦大》1953 年 10 月 1 日，第 1 版。

② 《关于高等学校的政治思想教育工作》（1955 年 4 月 25 日），教育部社会科学司：《普通高校思想政治理论课文献选编（1949—2006）》，中国人民大学出版社 2007 年第 2 版，第 19～26 页。

③ 《马列主义夜大学开始上课》，《新厦大》1956 年 3 月 8 日，第 1 版。

④ 《厦大马列主义夜大学成为组织教师学习理论的重要形式》，《厦门日报》1962 年 4 月 25 日，第 1 版。

出，大学和中学的政治课是给青年以有系统的思想政治教育的重要方式。现在纵不能配备一批完全胜任的教员，但也应挑选比较适当的人担任，并经常注意给予指导和帮助。[①] 1952年9月，中央再次作出指示：(1)由中央教育部筹划，在中国人民大学创设马克思列宁主义研究班，为全国各高校培养一部分政治理论师资；(2)各大行政区应选择具备条件的高校，举办马克思列宁主义研究班，培养高校政治理论师资；(3)现阶段培养政治理论师资的最有效的方法之一，是各高校选拔优秀党团员在本校担任政治理论课程的助教或助理，结合实际工作，通过有系统地学习马列主义理论，逐步把他们培养成新的政治理论师资。[②]

20世纪50年代初，考虑到政治课教师本来就紧缺，大规模选派人员外出进修显然不太现实，因而学校主要采用了"以老带新、边干边学"的方法来自行培养。边干边学不是任其自流，而是有计划地提供具体帮助，"指导他们读书，编写讲义、讲稿；试讲；组织听课，帮助总结教学经验等"。[③]

政治经济学教研室以指导自学、编写教学提纲和试讲章节讲稿、试讲试教为重点，培养助教尽快提高独立承担主讲任务的能力。教研室指定马列经典著作和苏联专家讲稿为主要参考书，由教授、副教授、讲师帮助培养对象制订自学计划，并经常地帮助解决在学习过程中发现的疑难问题，包括定期举行专题报告和问题解答。教研室多次邀请王亚南校长作学术报告，分享研究心得。例如，为让大家加深对斯大林《苏联社会主义经济问题》的认识，1953年5月27日王亚南校长作了题为《马克思主义政治经济学发展的新阶段》的报告。[④] 为帮助年轻教师更快成长，1954年3月11日王亚南校长作《学习的经验和方法》专题报告，就其40年来读书、研究、教学和写作方面的经验，与大家进行深入交流：要根据自己的主客观条件来进行研究，任何绝对的一般的方法是不存在的；学习方法要和

---

① 李德芳、李辽宁、杨素稳：《中国共产党思想政治教育史料选编》，武汉大学出版社2009年版，第201页。

② 《中共中央关于培养高等、中等学校马克思列宁主义理论师资的指示》(1952年9月1日)，教育部社会科学司：《普通高校思想政治理论课文献选编(1949—2006)》，中国人民大学出版社2007年第2版，第11页。

③ 《1958—1960年师资培养工作总结(摘要)》，厦门大学校史编委会编，《厦大校史资料(第三辑)》，厦门大学出版社1989年版，第267页。

④ 《王校长作研究心得报告：马克思主义政治经济学发展的新阶段》，《新厦大》1953年6月1日，第1版。

思想方法密切联系；要注意把自己的学习生活安置在健康的好整以暇的状态中；要注意专业知识，但不要忽视必要的补充知识；要循序渐进地虚心学习。4 月 9 日，再度邀请王亚南校长作《怎样学习社会主义政治经济学》的报告，系统阐述了学习社会主义政治经济学过程中需要解决的若干问题，包括研究方法、研究对象，以及与资本主义政治经济学的联系和区别等。[①] 这些报告既提高了年轻教师的理论水平，也丰富了他们的学术视野，有助于政治经济学教师的培养。培养对象能较系统地掌握本课程的基本范畴和基本原理，熟悉教学各环节，积累初步的教学工作经验。1954 年夏，政治经济学教研室 9 名助教中就有 3 名晋升为讲师。[②]

新民主主义论教研组 1952 年有成员 7 人，能够承担讲课任务的只有 2 人，其他人员负责撰写讲稿、审查讲稿以及整理资料等工作，“学生多、教员少”的问题同样突出。如何解决这个矛盾呢？教研室确定由张玉麟、郑道传、王新整 3 名经验较丰富的教师每人分别指导助教 3～4 人，帮助政治助教尽快提高水平以适应课程教学要求。首先，他们给助教指定必读与补充两类学习参考书目，督促助教拟定自学计划，并安排时间旁听 4 门政治课。其次，指导助教精心备课，通过参加课程讲稿的审读谈论会，明确各章节的主要论点，了解讲稿的逻辑结构和内在联系；定稿后，主撰人再向他们说明编写意图，布置讲授重点，提供教学实例。最后是相互听课，把比较有教学经验的教师安排在前面先讲，其他教师观摩学习，班教员再深入学生了解听课意见，反馈给主讲人。实践证明，这些措施对教师的经验积累和水平提高都是有益的。“这样每个都得到很大的改进，他们由对政治课生疏、不会讲课，变为有信心，初步掌握理论，而讲课基本上为同学所满意。”以老带新全程指导的培养，使政治助教们迅速成长起来，到 1953 年 7 月，已经有 11 位教师可以开课。[③]

学校在 1953 年度第一学期教学工作计划中也要求各教学组织应重视师资培养工作，加强对教师讲稿的审核与教学试讲的组织。“审稿工作是为了改进或改正讲稿，加强它的思想性、科学性、系统性，使它更适合于同学的要求，给讲课

---

① 《各教学组织举办各种学术讲座》，《新厦大》1954 年 5 月 8 日，第 1 版。

② 政治经济学教研室：《政治经济学教研室总结(1953 学年度)》，厦门大学档案馆藏，厦大教务档 53—3。

③ 吴疾：《政治助教的培养工作》，《新厦大》1953 年 7 月 21 日，第 1 版。

做好准备，所以审稿工作是整个教学过程中一个重要环节。”[①]讲稿审核分为三种类型：(1)审核全稿，适用于新开课程；(2)重点审核，适用于已有讲稿基础的课程，审核其重要修改的部分或重点章节；(3)专题审核，适用于讲稿较完备的课程，提出某些问题作深入的研究。试讲方面，各教学组织应视具体情况，酌情采用借以提高教学效果，不作普遍推行的硬性规定。[②]

1959 年 12 月，马列室教师中新教师高达 34 人，占教师总数的 3/4。这些新生力量大学毕业的有 20 人，提前毕业的有 14 人。提前毕业的新教师，有的只读过两年大学，又是从中文、历史等系抽调来的，没有系统地学习过 4 门政治课，最多也只修过一两门，业务底子较薄，知识领域较窄，缺乏基本训练。针对新教师多、提前毕业的多、从其他专业转来的多等“三多”现象，马列室坚持“能者为师”，充分发挥老教师在备课过程中传帮带作用，提高新教师的培养效率。先由老教师拟好教学大纲，经过教研组讨论，订出详细的大纲，供备课时参考；然后开备课会议，讨论本单元的目的要求，确定讲授重点，指定老教师试讲，试讲之后再进行讨论，各位教师再分头去写讲稿。组织专人认真阅读上级文件，把文件的中心思想写成初稿并在教研室内报告，发动全体教师进行讨论修改，定稿后印发给每个教师供上课时使用，便于新教师加深对文件精神的领会。马列室还采取了党史教师帮助哲学教师补修党史，哲学教师帮助党史教师补修哲学的互教互助方法。在科学研究方面，也采取了新老结合的方式，由一个老教师带上二、三个新教师合写文章，老教师起到示范作用；或者新教师自行开展科研，老教师则指导选题，帮助拟订写作大纲，最后负责审阅初稿。[③]

政治课师资培养的另一个重要途径就是在条件允许时选送教师前往中国人民大学、复旦大学等高校研究生班深造，如 1954 年，学校选送哲学课助教前往马列学院、中国人民大学等院校进修。1956 年，5 名担任“辩证唯物主义与历史唯物主义”课的讲师和助教中，1 名毕业于北京大学哲学系研究生班，3 名毕业于中国人民大学马列主义研究生班；8 名“马列主义基础”课讲师和助教中，有 5 名毕

---

① 陈孔立：《新民主主义论教研组是怎样审稿的》，《新厦大》1953 年 3 月 14 日，第 3 版。

② 《1953 年度第一学期教学工作计划》，《新厦大》1953 年 9 月 11 日，第 1 版。

③ 邹永贤：《发动群众、以红带专、边干边学大力培养提高师资水平》，《新厦大》1959 年 12 月 29 日，第 4 版。

业于中国人民大学马列主义研究生班,1 名正在复旦大学马列主义研究生班进修;4 名“中国革命史”课的讲师和助教中,1 名毕业于中国人民大学马列主义研究生班,1 名正在该校研究生班进修。[①]

政治理论课教师不仅承担全校的政治课教学任务,还负责全校师生的政治学习辅导工作,因此加强政治理论课教师自身的马列主义理论素养和在教学中运用马列主义基本原理的能力至关重要。政治理论课教师“必须对革命、对工农有火热的热情,对党对革命领袖有真正尊敬与景仰,对反革命的人与事有无限的仇恨及鄙视,才能在讲课中自然地把这种爱和憎传达出来。缺乏革命斗争经验的同志,要从大量史实的深刻体会中补足它”。[②] 1958 年 12 月中旬,校党委召开政治理论教育工作会议提出,培养政治教师应该从本质上去培养,政治第一。好的政治教师的最主要标准就是要做党的忠实驯服的工具、战斗的工具,政治上有朝气,立场坚定,嗅觉敏锐,思想上与资产阶级思想明确地划清界线;其次是从理论上去培养。政治教师应该有不断革命论,不断改造思想。政治教师一定要积极参加实际斗争,要组织他们参加重大的政治运动,因为政治就是阶级斗争;要有计划地组织政治教师阅读理论书籍,经常地学习党的方针、政策和路线,保证必要的学习时间(我们不反对读书,只是反对乱读书);认真做调查研究工作,经常分析周围群众的思想情况,特别是各种典型思想的调查分析。[③] 为此,学校在不同阶段经常组织政治理论课教师分批下乡下厂劳动和调查,或者安排到各系班级协助开展学生思想政治工作,经受各类实践锻炼,积累丰富的实践经验。

(三)政治理论课师资队伍建设初见成效

师资培养不可能一蹴而就。尽管学校在早期政治课教师队伍建设方面的努力未能马上解决师资不足的问题,但教师培养工作还是取得一定的成效。

1953 年 9 月,政治经济学教研室已有专任教师 14 人。其中教授 3 人,副教

① 《厦门大学教师名册(1956 年 11 月)》,厦门大学档案馆藏,厦大人事档 56—10。

② 马列主义教研室:《〈中国革命史〉1953 年度第一学期教学基本总结》,《新厦大》1954 年 4 月 23 日,第 2、3 版。

③ 《党委吴付书记在政治理论教育工作会议上的总结讲话》,《新厦大》1958 年 12 月 25 日,第 3 版。

授3人，讲师2人，助教6人。[①] 1953—1954学年"中国革命史"课的17名任课教师中，有教授1人，副教授1人，讲师1人，助教8人，政治工作人员6人。[②] 为了加强政治理论课教学，学校还从贸易系和经济系暂调刘熙钧、黄志贤、吴宣恭等专业教师充实马列室的师资。

1954—1955学年，学校开出的3门政治课均实行分班教学。"中国革命史"共440人修习，分4班，主讲人2人，辅导教员11人；"政治经济学"共185人修习，分4班，主讲人5人，辅导教员6人；"马列主义基础"共711人修习，分6班，主讲人8人，辅导教员23人。[③]

到了1955年11月，全校已有政治课教师35人，4门政治理论课均有教师开课。[④]

辩证唯物主义与历史唯物主义（哲学）教研组：4人

教授：陆维特

讲师：汪慕恒、盛新民

助教：周济

马列主义教研组：19人

教授：张玉麟

讲师：邹永贤、陈安、薛谋成

助教：陈孔立、余纲、巫维衔、曾广德、王增炳、张步奇、陈凤仪、黄志仁、施一揆、商英伟、庄解忧、李景裕

班教员：凯怡、高扬、萧丽娟

政治经济学教研组：14人

教授：王亚南、周贻真、万灿、陈昭钜

副教授：郑道传

---

① 《1952年度下学期政治经济学课程学期总结报告》，厦门大学档案馆藏，厦大教务档53—3。

② 马列主义教研室：《〈中国革命史〉1953年度第一学期教学基本总结》，《新厦大》1954年4月23日，第2、3版。

③ 《厦门大学政治课教学情况报告》，厦门大学校史编委会：《厦大校史资料（第三辑）》，厦门大学出版社1989年版，第134页。

④ 《行政负责人员与教师名册（1955年11月）》，厦门大学档案馆藏，厦大人事档55—3。

讲师：刘熙钧、王承惠、陈可焜、潘天顺、黄志贤

助教：陈逸光、蔡若虚、吴钦德、吴宣恭

经过一段时间的努力，政治课师资队伍建设取得一定进展，但仍存在各教研组人数分布不平衡、队伍结构和总体素质参差不齐等现象。1957 年 4 月，教育部曾行文厦门大学等高校，要求协助承担四门政治理论课部分进修教师的培养任务。嗣后学校在呈送教育部的报告中则表示，除政治经济学教研组外，本校“其他三门政治理论课师资均颇缺乏，指导力量不足，无法接受。特别是哲学教研组只有少数讲助，亟待加强”。①

图 2-1　马列主义教研组成员合影(20 世纪 50 年代末，陈孔立提供)

1958 年 12 月，学校撤销马列主义教研室，改在宣传部内设立“政治课教研室”，政治课教师全部转由各系管理，政治课教研室仅负责业务指导。1959 年 12 月，学校又决定恢复马列主义教研室建制，分散到各系的政治课教师全部回归。此时马列室专任教师已有 48 人。其中，哲学教研组有 15 人(讲师 2 人、教员 2 人、助教 11 人)；社会主义共产主义教研组有 21 人(讲师 2 人、助教 19 人)；中共

① 《关于我校接受四门政治理论课进修教师问题报请察核》，厦门大学档案馆藏，厦大教务档 57—1。

党史教学小组有4人(讲师1人、助教3人);脱离经济系另行单独组建的政治经济学教学小组也有助教8人。[①] 下放到各系的政治课教师调回后,马列室在“师资培养十年规划”中提出,5年后讲师要达到全体教师的75%,讲师要开出二门课,50%的教师要过外文关,掌握一门外国语。[②] 至1961年7月,马列室已经拥有一支56人的政治教师队伍。其中,能独立开课者有16人,能部分开课者14人,两者合占教师总数的一半以上。[③]

1960年9月,学校拟创办马列主义系(后定名为哲学系),为加强师资队伍建设,满足教学科研需要,政治课教师人数曾一度增长较快。后因国家教育精简压缩,哲学系旋于1961年7月停办,马列室教师人数自1962年至1968年每年均保持在38人左右。[④] 1965年4月,马列室3个教研室和1个教研组共有教师36人。其中,教员有朱天顺,讲师有陈安、周济、商英伟、黄志仁等7人,助教有黄强、张善城、刘宝树等28人。[⑤] 当时马列室教师的职称普遍较低,原先拥有高级职称的教师要么留在经济系,要么因担任学校领导职务不再承担政治课教学。学校对政治课教师的政治条件要求较高,1964年7月马列室有教师37人,其中中共党员25人,共青团员12人。

1965年7月,中央发出通知,要求全国高等院校、科学研究和文化艺术单位应当“不失时机”地组织干部和教师,积极投入农村社会主义教育运动中去,自觉加强知识分子的“思想改造”,密切“同劳动群众相结合”。[⑥] 校党委基于此提出,要“有计划地组织政治教师参加阶级斗争、生产斗争和科学实验三大运动”,政治

---

① 《厦门大学教研组成员一览表(1959年11月)》,厦门大学档案馆藏,厦大教务档59—12。

② 《关于党委领导政治理论课工作中存在的问题的检查及今后改进意见》(1965年5月6日),厦门大学档案馆藏,厦大党委档A65—12。

③ 邹永贤、朱天顺等:《关于政治理论课教育工作的几点经验》,中共厦门大学委员会党史编委会:《厦大党史资料(第三辑)》,厦门大学出版社1989年版,第351页。

④ 厦门大学校史编委会:《厦门大学院系馆所简史》,厦门大学出版社1990年,第269页。

⑤ 《厦门大学职工名册(1965年4月)》,厦门大学档案馆藏,厦大人事档65—11。

⑥ 《中央关于组织高等院校、科学研究和文化单位的干部参加农村社会主义教育运动的通知》,中共中央宣传部办公厅、中央档案馆编研部:《中国共产党宣传工作文献选编(1957—1992)》,学习出版社1996年版,第403页。

课教师要比其他文科教师有更长的时间参加城乡社会主义教育运动。[①]

“文革”开始后,马列室于 1969 年底被撤销,政治课教师有一部分下放到农村,留在校内的也分散到各系。

1973 年上半年,学校决定重建马列室。8 月 9 日,厦门大学革委会政治处在向校党委提交的《关于加强政治理论课工作的请示报告》中,就“充实和加强政治理论教师队伍问题”提出:现有政治理论课教师队伍无论从数量还是质量上都满足不了形势发展的需要,必须加以充实提高。建议学校“除调配一定数量的政治理论教师外,主要应从历届毕业的优秀工农兵学员中选拔,还可以聘请一些工农兵英雄模范人物来校讲课”。对现有的政治理论课教师,必须从政治思想上、理论上抓紧教育培养,不断提高他们的马列主义、毛泽东思想水平和政治理论课教学水平。[②] 10 月,马列室恢复建制,统一管理全校公共政治理论课的教师(包括分散在各系的政治理论课教师)。

1974 年 9 月,重建不久的马列室已有专职教师 31 人。其中,教员有邹永贤、罗芬 2 人,讲师有周济等 4 人,其余 25 人均为助教。教研室同时还配备有 2 名资料员。[③] 到了 1977 年 3 月,哲学系(马列室)的辩证唯物主义与历史唯物主义教研组有教师 14 人,国际共产主义运动史教研组有 4 人,中共党史教研组有 9 人,政治经济学教研组有 8 人。[④] 1977 年 12 月,中共党史教研组曾荣获厦门大学“教学科研先进单位”称号。

“文革”后期,马列室教师林德忠坚信马列主义真理,从 1976 年 1 月至 4 月先后给党中央、人民日报社、厦门人民广播电台等单位发出 16 封信件,对“四人帮”的种种倒行逆施进行针锋相对的斗争和无情的揭露。1976 年 5 月 11 日被捕入狱,连续批斗 46 场,11 月 23 日获释。1978 年 6 月,中共厦门市委召开 4 万多人的大会,公开为林德忠彻底平反。中共厦门大学委员会号召全校共产党员、

---

① 《关于党委领导政治理论课工作中存在的问题的检查及今后改进意见》(1965 年 5 月 6 日),厦门大学档案馆藏,厦大党委档 A65—12。

② 《关于加强政治理论课工作的请示报告》,厦门大学档案馆藏,厦大党委档 A73—9。

③ 《厦门大学教职员工花名册(1974 年 9 月 15 日)》,厦门大学档案馆藏,厦大校办档 B74—57。

④ 《厦门大学教职员工花名册(1977 年 3 月)》,厦门大学档案馆藏,厦大校办档 B77—79。

共青团员和师生员工，学习林德忠立场坚定、旗帜鲜明、坚持真理、敢于斗争的革命精神，努力攀登科学文化高峰，为实现新时期的总任务做出更大贡献。① 林德忠（1928—2007），祖籍福建安溪，出生于马来西亚，后移居泰国。1941 年回国读书，1948 年参加中国人民解放军，曾参加过济南战役、淮海战役和新乡战役，并荣获淮海战役纪念章和华北解放纪念章。1959 年毕业于厦门大学经济系，后留校担任政治课教师。“他不仅要求自己在课堂上讲好马列主义基础课，而且要求自己理论联系实际，用马克思主义的锐利武器，同反马克思主义的政治骗子作斗争。”②

二、思政课师资队伍的稳步发展

改革开放以后至 21 世纪初，厦门大学思政课师资队伍建设主要围绕两方面的工作具体展开：一是采取多种措施稳定师资队伍；二是通过多种途径提高师资水平。

1978 年 4 月，面对高校政治理论课教师数量缺、水平低、任务重、后继乏人的严峻形势，教育部在《关于加强高等学校马列主义理论教育的意见（征求意见稿）》中强调，要尽快使那些调离了教学岗位而又不能用其所长的理论课教师逐步归队；尽可能补充一批有一定马列主义水平、又有培养前途的校内外党员干部参加教学工作。学生在 1000 人以上的学校，师生比例在理工科一般可以1∶80，文科一般可以 1∶60。学生数目不满 1000 人的，每门理论课至少配备教师 2 至 3 人。③

1979 年 4 月底至 5 月初，学校召开思想政治工作会议，会议强调政治理论

① 《关于学习林德忠同志坚决同“四人帮”作斗争的英雄事迹的决定》，《厦门大学》1978 年 6 月 29 日，第 1 版。

② 刘建国：《真理在握，无所畏惧》，群众出版社编辑部：《为真理而斗争的人们》，群众出版社 1979 年版，第 215～216 页。

③ 教育部办公厅：《关于加强高等学校马列主义理论教育的意见（征求意见稿）》（1978 年 4 月），教育部社会科学司：《普通高校思想政治理论课文献选编（1949—2006）》，中国人民大学出版社 2007 年第 2 版，第 73～74 页。

课教师是党的理论宣传干部，要适当参加一些学生的活动，有针对性地进行理论教育。[①] 同年5—6月学校召开的教学工作会议，提出采取有力措施，加强教学工作，提高教学质量，并讨论通过了《关于加强基础课教学的几点措施》《教研室暂行工作条例》《执行"全国重点高等学校教师工作量试行办法"的补充意见》等3个文件。[②] 会后，政治理论课教师不断充实新教学内容、增加新材料，加强集体备课和集体观摩，努力提高政治理论课的教学质量。[③] 9月，校党委把"加强马列主义教研室的组织领导，健全机构，逐步充实专职教师，加强教师队伍的思想和组织建设，改进教学内容和方法，鼓励教师上好政治理论课"作为学期工作要点之一。[④]

为适应加强政治理论教育的需要，1980年1月马列主义教研室重建，学校明确了马列室从哲学系分出后的教师名单。9月，马列室教师有34人，其中讲师21人，助教7人，见习助教6人。具体名单如下：[⑤]

中共党史教研室：12人

讲师：黄志仁、李淑媖、陈祖鸿、张善成、杨秋君、张文涛、刘宝树、肖学信、曾振东、欧阳佑民

助教：林朝钊

见习助教：张电军

政治经济学教研室：11人

讲师：林超、黄九如、林德忠、田锡宋、王乌凡

助教：戴双美、崔之一、李智贞

见习助教：陈秀琴、蔡碧川、孙春明

国际共产主义运动史教研室：3人

讲师：方贻岩、吴仲平、刘义泉

哲学教研室：8人

---

① 《我校召开思想政治工作会议》，《厦门大学》1979年5月11日，第1版。

② 《我校召开教学工作会议》，《厦门大学》1979年6月18日，第1版。

③ 《哲学系开展坚持四项基本原则的教育》，《厦门大学》1979年6月9日，第2版。

④ 《中共厦门大学委员会关于1979—1980学年度上学期工作要点》，《厦门大学》1979年9月8日，第1版。

⑤ 《花名册（1980年9月1日）》，厦门大学档案馆藏，厦大行政档B80—208。

讲师：庄呈芳、陆文华、黄光贤

助教：林健康、吴成荣、林衍超

见习助教：吴凌、范泓

1981年4月，中共党史教研室的李淑媖晋升为副教授，学校政治课教师队伍建设取得新突破，开始有了高职称教师。

为改变政治理论课教师队伍面临的青黄不接状况，马列室十分注重对青年教师的培养。1984年2月举办“马列原著读书班”，老教师隔周授课一次，10名青年教师（包括2名资料员）参加学习。读书班采取听课、集体讨论和自学相结合的方式，每学完一本原著，学员各提交一篇学习心得进行交流，并由授课老师点评。“读书班”让青年教师静下心来读原著，扎扎实实学理论，从而为“迎头赶上”和“尽快成长”打下良好基础。[①]为调动专职政工人员的工作热情，校党委在1985年3月还提出，专职政工人员工作一轮（4年）后，可根据其志愿和本人实际情况确定今后的发展方向，有的可以转任思想品德课教师、政治理论课教师。转任教学岗位后将评定相应的业务职称，并给予一年时间脱产进修。[②] 这一规定在客观上拓展了政治课教师的选拔渠道。

1987年3月，国家教育委员会提出，政治理论课教师队伍建设是改革马克思主义理论课教学的根本保证。不能把马克思主义理论课教师的编制卡得太紧，应当有利于马克思主义理论课教学改革的开展和教师队伍的稳定、提高。[③]

1987年4月，校党委根据中共中央和国家教委关于改革高校政治理论课教学的指示精神，结合反对资产阶级自由化斗争的实际，制订了《关于加强我校政治理论课教学的若干意见》。文件要求政治理论课教师首先要带头学好中共中央文件和邓小平有关坚持四项基本原则、反对资产阶级自由化的论述，理直气壮

① 马讯：《马列室举办青年教师马列原著读书班》，《厦门大学》1984年7月2日，第2版。

② 《关于加强我校思想政治工作队伍建设的意见》（1985年3月15日），厦门大学校史编委会编，《厦大校史资料（第四辑）》，厦门大学出版社1990年版，第376～379页。

③ 《国家教育委员会关于在高等学校马克思主义理论课（公共课）教学中旗帜鲜明地坚持四项基本原则反对资产阶级自由化的通知》（1987年3月5日）、《国家教育委员会关于进一步改革高等学校马克思主义理论课（公共课）教学的意见》（1987年3月17日），教育部社会科学司：《普通高校思想政治理论课文献选编（1949—2006）》，中国人民大学出版社2007年第2版，第116～117、118～121页。

地宣传四项基本原则，旗帜鲜明地反对资产阶级自由化；其次，要积极稳妥地进行教学改革，既教书又育人，政治理论课教师要深入班级了解学生的思想状况，耐心细致地做好启发引导工作，主动配合各系党总支适当组织安排一些专题讲座或辅导报告，进行有说服力的教育；再次，要加强科学研究，教学与科研两者不可偏废。加强对马克思主义基本原理和我国社会主义现代化建设中重大理论问题和实际问题的研究的同时，也要研究教学中的疑难问题，以教学带动科研，又通过科研提高教学水平，实现教研相长。针对我校政治理论课教师数量不足，年龄偏大，急需补充加强的现状，要大力加强政治理论课教师队伍建设。政治理论课教师教学工作量应按开设新课计算，编制适当放宽，人事处应按政治理论课教师编制与学生数的比例是文科 1∶80，理科 1∶100 的规定，合理确定政治理论课教师编制，并尽快落实。有关单位在经费、资料、安排社会调查等方面，也应给予支持。德育课教师队伍应以专职教师为骨干，以兼职教师为主要力量，兼职的政工干部可以根据教学情况评定职称。德育教研室要严格兼职教师的聘任管理和集体备课制度。新聘兼职教师在上课前，均须经过教研室专职教师组织试听。不够条件的，不能上讲台，以保证教学质量。学校还提出拟申请开办马列主义理论教育的研究生班和争取试行双学位制，以尽快培养和充实政治理论课教师队伍。①

1990 年，马列主义理论教学部从政治系分出恢复独立建制后，师资结构仍然不尽合理，年龄老化严重，不能满足教学需要。1991 年 10 月，马列部实际在岗上课的教师只有 32 人(另有 2 人外调，1 人长期病休)，其中教授 1 人、副教授 11 人、讲师 16 人、助教 4 人；55 岁以上的 6 人，约占总数的 1/5，50 岁以上的教师有 16 人，占总数的一半。师生比本科生 1∶200 以上；研究生 1∶120 以上，远未达到国家教委要求。

为缓解马列部教师队伍建设面临的严峻状况，1992 年 1 月校党政办公会议决定，要在加强马列部的师资建设和改善办学条件方面给予政策倾斜：一是宽松定编与进新聘老。责成人事处按照小班上课、教师每星期一次下班参加学生政治学习、每三年有一学期轮流脱产进修的原则，确定马列部的教师编制，逐年配

---

① 《中共厦门大学委员会关于加强我校政治理论课教学的若干意见》(1987 年 4 月 22 日)，厦门大学校史编委会编，《厦大校史资料(第四辑)》，厦门大学出版社 1990 年版，第 410～414 页。

备。从1992年起三年中，每年增加2至3名教师。对那些政治上、业务上素质好，身体健康的老教师按政策给予延聘或返聘；注意吸收和培养那些政治思想坚定，马克思主义理论基础好，具有讲授理论课能力的政工干部兼任和充实马列部的教师队伍。二是增拨经费。从1992年起三年内每年另追加经费2万元，用于马列部图书资料建设、教师外出进修和社会调查的开支。三是相关单位协同支持。校办学术刊物开辟专栏，组织和选登马克思主义理论课研究和教学经验的文章。学校党委还提出，要关心政治理论课教师的思想建设和业务建设，及时向他们传达中央有关理论工作的文件、报告和内部资料，党政领导要分别定期向马列部教师作关于党的路线、方针、政策和重大时事的报告和专题讲座。[①] 1993年7月全国高校第4次党建工作会议后，为推动将“两课”作为重点课程进行建设，校党委决定：每年追加5000元支持马列部建立社会调查基地并列入正常经费拨款；同意给马列部增加2个教学编制；鉴于马列部教师年龄老化严重和补充教员较困难，可以采取灵活政策，如有适当人选，可先调用，即采用“先进后退”的办法。

1997年5月，马列部总编制41人，分别为教师编制37人，行政编制2人，政工人员编制1人，资料室人员编制1人。当时有教师29人，其中教授1人，副教授11人，讲师13人，助教4人。师资不足虽未解决，但师资年龄结构趋向合理，中青年教师15人，占主讲教师的52%，且均具有硕士或博士学位。马列部图书资料室有馆员1人，管理员1人。订购期刊110多种，藏书约11000本，基本上能满足教师教学与科研工作的需要。

马列部坚持把教师队伍建设作为教学改革的关键，不断强化马克思主义理论教育和师德师风建设，通过脱产进修、在职培训、实地考察等方式提升师资队伍素质，努力建设一支政治过硬、知识丰富、业务精湛的高素质的“两课”教师队伍。对新上岗的教师，采取新老教师结对子、传帮带的方法，逐步实现新老教师的交替更新。在此期间，许多老教师在教学和科研方面发挥了关键作用，推动了政治理论课教育教学的改革发展。1982年7月，黄志仁被评选为福建省优秀党员，1989年9月又被授予福建省优秀教师称号；1991年9月，黄九如荣获全国优

① 《校党政办公会议研究决定 加强马克思主义理论课教育》，《厦门大学》1992年3月15日，第2～3版。

秀教师称号;1997 年 9 月,陈铁民获评全国高校百名“两课”优秀教师,德育室教师辛明兴也获评全省高校“两课”优秀教师。

2000 年,马列部有专职教师 37 人,其中教授 3 人、副教授 8 人,获得博士学位的教师有 2 人,获得硕士学位的教师有 23 人,另有在职攻读博士学位的教师 8 人,在职攻读硕士学位的教师 3 人。中青年教师占专任教师的比例达到 80%。不过,思政课教师人数仍然偏少,根本无法满足教学科研需要。在 2000 年制定的《马列部“十五”规划》中提出,马列部将逐年有计划地选留、引进教师,争取每年引进的教师不少于 5 人。同时返聘校内退休教师,或者聘请校外专家来校授课。在适当的条件下,将聘请研究生参与教学工作,以弥补教学人员的不足。继续优化教师职称结构,加强骨干教师队伍建设,着力培养省内一流及至国内一流的学科带头人。

至 2004 年,马列部专任教师有 43 人,其中教授 5 人。从年龄结构来看,45 岁以下的中青年教师占教师总数的 84%;从职称结构来看,高级职称的教师占教师总数的 39%;从学历层次来看,已获博士学位及在读博士研究生的教师占教师总数的 45%;从学缘结构来看,在校外完成某一学历的教师占教师总数的 48%。①

① 《马列部“十五”计划执行情况总结》,2004 年 8 月。

图 2-2　马列部全体教职工合影(2005 年 7 月)

马列部军事教研室由于学科比较特殊,因而师资来源受到诸多限制。为了解决任课教师不足难题,教研室曾先后采取了多种弥补办法:一是请驻厦某集团军选派教官协助承担教学任务,最多时曾有 8 名教官驻校任课。后因部队精简整编,教官全部撤回。二是请厦门警备区、水警区机关的干部临时兼课。唯因军队干部随时有战备任务,上课时间难以得到充分保障。三是请本校相关学科的教师兼课。不过,老教师很快退出了教学岗位,新教师参与军事理论课教学工作的意愿普遍不高。四是由学校武装部专职干部兼课。但学校机构改革后,武装部并入学生工作部,已经没有武装部专职干部可任教。1999 年 7 月,军事教研室在编教师只有 3 名,每年需要承担全校 2500 名本科生的军事理论课教学和参与组织实施学生集中军事训练的任务。这种以兼职教师为主、专职教师为辅的模式,显然既不利于教学质量的提高,也不利于教师的培养和学科的发展,因此亟待改变。

三、实施以学科为依托的人才发展战略

2005年,中央决定建立马克思主义理论一级学科,思政课建设开始进入以学科推进发展的新阶段。学科建设的关键,在于学科人才的汇聚和教师整体水平的提高。同年6月,厦门大学决定实行思政课教学管理体制改革,将马列部思政课教师按课程分别转入校内相关学院,希望借助校内相关学院的学科优势和学术传统,吸引相关专业的名家、名师参与思政课教育教学,带动思政课教师整体水平提升,增强思政课的思想性和吸引力。7月,在岗思政课教师有10人调整至法学院,11人调整至公共事务学院,12人调整至人文学院,5人调整至经济学院,原军事教研室教师有4人调整至体育教学部。教学管理体制改革期间,思政课教师的编制也按课程划归相关学院,人才引进工作由相关学院负责。

2009年3月,学校决定成立马克思主义研究院,其中一项重要任务就是要大力加强马克思主义理论学科人才队伍建设,努力造就一支政治强、业务精、作风正的马克思主义理论队伍,特别要着力培养政治思想坚定、学术造诣深厚、在国内外有影响的马克思主义理论研究的名师名家。[①] 经学校审定,马克思主义研究院有专职教师编制18人,教授、副教授和助理教授各6人。

2009年12月17日,厦门大学召开加强和改进思想政治理论课工作会议。校党委书记朱之文在会上强调,要抓好队伍建设,坚持专任为主、专兼结合的原则;加强教师培养,完善培训制度;加强实践锻炼,积极为教师开展社会实践、调研考察、挂职锻炼、课题研究、学术交流创造条件;完善激励机制,建立和完善教学考核测评体系和教师职务评聘体系;要抓好学科建设,发挥优势、整合力量,积极组织申报、尽快争取获得一级学科博士学位授权;以"211工程""中国特色社会主义的理论与实践"项目建设为契机,大力推进重点学科建设;积极推进中国特色社会主义理论体系的创新研究;推动理论研究的成果转化,提高教学质量。校长朱崇实指出,我校思政课还存在各级领导重视不够、师资队伍质量不高、教

---

① 马进龙:《马克思主义研究院挂牌成立》,《厦门大学报》2009年4月11日,第2版。

学内容过于呆板、教学方法过于单一等问题。主要体现在：学校、学院领导对思政课的参与和研究不够，改进措施不够有力；优秀中青年学术带头人和骨干教师比较缺乏，科研水平有待提升，科研课题和学术文章整体水平不高，不能有效地促进教学水平和质量的提高；教师队伍中第一学历层次非“211”“985”学校毕业的占40%，45岁左右处于“黄金教龄”的教师所占比重较低；教材缺乏生动活泼的素材的支撑、思政课教师对教学体系探讨研究不够；现代化教学手段比较缺乏，课堂讲授太多、体验教学太少，考试方式有待进一步改进。[①]

会后，校党委根据中共中央宣传部、教育部2008年9月印发的《关于进一步加强高等学校思想政治理论课教师队伍建设的意见》、全国加强和改进高校思想政治理论课工作会议的精神，出台了《关于进一步加强和改进思想政治理论课建设的意见》。文件强调，学校要根据专任为主、专兼结合的原则，建立一支数量充足、结构合理、素质优良的思政课教师队伍，切实改善现有思政课教师队伍学科带头人和教学骨干不足现状。要拓宽引才渠道，从国内外著名高校、研究机构中选聘素质好、有潜质的年轻博士；要围绕思政课主干课程实行首席教授制度，组建教学团队；要建立开放灵活的人才配置机制，吸引和鼓励校内相关专业学术带头人和教学骨干，承担思政课教学任务；要积极创造条件组织思政课教师开展社会实践和学习考察、到基层和实际部门挂职锻炼、赴外进修交流等活动，进一步丰富阅历、增长见识、开阔视野。

2011年8月，马克思主义学院成立，学校要求原先分散在人文学院、经济学院、法学院和公共事务学院的思政课教师，以及马克思主义研究院的专任教师，全部归属马克思主义学院统一管理。但个别教师（包括原马列部的教师）仍选择留在专业学院，没有回归思政课教师岗位。重新归属马克思主义学院的在岗教师中有教授7名，副教授24名，中级职称教师13名，合计教师44人。另外还有20名离退休人员也一并归属马克思主义学院。学校确定马克思主义学院专职教师编制数为73人。当时全校思政课的师生比高达1∶761。

① 郑莉：《学校隆重召开加强和改进思想政治理论课工作会议》，《厦门大学报》2009年12月18日，第1、2版。

图 2-3　马克思主义学院组织教师及其家属到同安金光湖景区春游(2012 年 4 月)

2017 年 10 月,学校按照师生比不低于 1∶350 的比例重新核定了我校思政课专职教师岗位 100 个,一下子增加了 27 个岗位。调整后教师岗位中教授 30 个,副教授和助理教授各 35 个。学校还出台了《厦门大学思想政治理论课专职教师任职资格规定(暂行)》,确立了思政课教师任职资格准入制度。思政课专职教师应当具备如下任职条件:坚持正确的政治方向,有坚定的理想信念和扎实的马克思主义理论基础,在事关政治原则、政治立场和政治方向的问题上与党中央保持一致;具有良好的思想品德、职业道德、责任意识和敬业精神,无学术不端、教学违纪行为;新任专职教师原则上应是中共党员,并具备马克思主义理论相关学科背景博士学位;教学、科研和社会服务等方面的能力和业绩符合学校和学院规定的任职条件。

2019 年 3 月 18 日,习近平总书记主持召开学校思想政治理论课教师座谈会并发表重要讲话,强调办好思政课关键在教师,关键在发挥教师的积极性、主动性、创造性;要按照政治强、情怀深、思维新、视野广、自律严、人格正的要求,加强思政课教师队伍建设。[①] 8 月，中共中央办公厅、国务院办公厅印发了《关于深化新时代学校思想政治理论课改革创新的若干意见》。教育部、中共福建省委教育工作领导小组随后也陆续出台了系列配套文件，对配齐建强思政课教师队伍作出明确部署。

学院高度重视以学科发展为核心加强师资队伍建设，多措并举加快推进思政课教师队伍配齐建强工作。学院坚持以强化教师的理想信念为先导，以提升队伍实力为目标，重点推进学科带头人、教学科研团队和中青年教师队伍建设，按照“学科/课程带头人＋教学科研创新团队”的组织模式，着力加强各类人才引进力度，推动教学团队和科研团队的交叉互动，形成系统化的团队实力，不断充实教学教研力量，补足学科发展短板。

针对思政课教师缺口大、人才引进到岗率低等问题，学校提出要给予马克思主义学院特殊政策支持，开辟“绿色通道”，打造“人才特区”，加大人才引进力度。经学校批准，学院按照“总量控制、按需设岗、分类管理”原则，在专任思政课教师岗位中设立教学科研并重型岗位和教学为主型岗位。其中，教学为主型岗位不超过专职思政课教师编制总数的 30％。学院一方面主动出击、跟踪联系、细致服务，组织人员到全国知名高校和科研院所开展招聘宣传，择优录用优秀人才，另一方面积极探索校内符合条件的辅导员转岗为专职思政课教师，推动开展面向校内合聘思政课教师，鼓励政治素质过硬、教书育人能力强的校内相关学科优秀教师和辅导员从事思政课教育教学工作。2020 年 1 月，学校出台了《厦门大学辅导员转聘思想政治理论课教师实施办法（试行）》，规定具有博士学位，或者具有硕士学位且已经受聘思政教育系列副教授职务，至少在辅导员岗位上工作满 3 年的本校辅导员，可以申请转聘为专职思政课教师。

学院坚持“引培并重”，加强在职专任教师的培养力度。每学期均选派思政课教师参加教育部、福建省、厦门市组织的集中脱产轮训，提升思政课教师综合素质。健全集体备课制度，开设思政课教学工作坊，设立教法教改研究项目，把脉思政课建设现状和问题，更新教学理念和手段，增强思政课教学的针对性和有效性。为引导思政课教师更加深入地了解国情、党情、社情、民情，在改革开放伟

① 《用新时代中国特色社会主义思想铸魂育人 贯彻党的教育方针落实立德树人根本任务》，《人民日报》2019 年 3 月 19 日，第 1、2 版。

大实践中汲取养分、丰富思想，学院每年利用假期分批或以教研部为单位组织教师深入红色教育基地、革命历史纪念地、爱国主义教育基地，以及校院建设的教学实践基地等开展多层次多方位国内考察调研和工作交流，并将调研成果作为重要教学案例融入课堂教学，促进理论与实践相结合，提升育人效果。为深化思政课教师对于世界资本主义和社会主义两种社会制度的认识，实地了解国外发展情况，开拓思政课教师的国际视野，在比较分析中坚定“四个自信”，2017 年以来学校人事处每年编列专项经费预算支持思政课教师赴英国、德国等地开展“重走马克思之路”短期研修活动，并形成常态化的工作机制。学院目前已有 35 名思政课教师分 3 批参加短期研修考察活动，大家沿着马克思一生学习、工作和生活的足迹，重温革命导师的光辉事迹，探寻伟人的初心，着力培养思政课教师的家国情怀、时代情怀和世界情怀，用情怀感染课堂。2011 年以来，学院共选派 17 名思政课教师赴国内外进行 3 个月以上长期访学研修，3 位思政课教师先后赴国外孔子学院担任中方院长。为进一步加大思政课教师激励力度，增强思政课教师的职业认同感、荣誉感、责任感，学校从 2020 年 1 月起按照人均每月 2000 元的标准下拨经费用于发放专任思政课教师的岗位津贴，并纳入绩效工资管理，由学院根据思政课教师个人年度绩效考核结果确定岗位津贴发放标准。

图 2-4　学院组织教师分批开展“重走马克思之路”海外短期研修活动并拜谒英国伦敦海格特公墓内的马克思墓(2018 年 7 月)

经过近十年的努力，马克思主义学院逐步建设了一支政治坚定、业务精湛、结构合理的高素质教师队伍。学院现有专职教师 65 人。其中教授 10 人、副教授 42 人、助理教授和讲师 13 人。学院同时还聘有校级讲座教授 3 人、兼职教授 10 人。专职教师中获得博士学位的占 75%；有 80 余人次具有国(境)外访学交流经历；有 10 多人次入选教育部思想政治教育中青年杰出人才支持计划、福建省百人计划、福建省高校新世纪优秀人才支持计划等高层次人才项目，9 个教学科研团队入选省部级优秀教学科研团队(含培育项目)。2016 年张有奎当选教育部高等学校思想政治理论课教学指导委员会“马克思主义基本原理概论”分教学指导委员会委员；徐雅芬、石红梅分获 2013 年、2015 年教育部“高校思想政治理论课教师年度影响力人物”；张艳涛获 2017 年教育部“高校思想政治理论课教师年度影响力提名人物”；2013 年，徐雅芬被确定为福建省第一批高校思想政治理论课学科带头人，石红梅被确定为福建省第一批高校思想政治理论课课程带头人；贺东航、朱冬亮分别于 2014 年、2015 年受聘厦门大学特聘教授；原宗丽、袁华、庄三红分别在 2018 年、2019 年、2020 年被评为厦门大学“我最喜爱的十位教师”。

表 2-1　马克思主义学院入选高层次人才项目名录

序号	年度	姓名	人才项目名称
1	2011	徐雅芬	福建省宣传文化系统“四个一批”理论人才
2	2012	张艳涛	福建省高等学校新世纪优秀人才支持计划
3	2012	朱冬亮	福建省第七届优秀青年社会科学专家
4	2012	吴　茜	福建省第七届优秀青年社会科学专家
5	2012	佳宏伟	福建省高校杰出青年科研人才
6	2013	宋建丽	福建省百千万人才工程
7	2015	张艳涛	全国高校优秀中青年思政理论课教师择优资助计划
8	2015	张有奎	福建省高等学校新世纪优秀人才支持计划
9	2016	张有奎	教育部思想政治教育中青年杰出人才支持计划
10	2016	徐雅芬	全国优秀社会科学普及专家
11	2016	冯　霞	福建省哲学社会科学领军人才
12	2016	贺东航	福建省哲学社会科学领军人才

续表

序号	年度	姓名	人才项目名称
13	2016	朱冬亮	福建省高等学校新世纪优秀人才支持计划
14	2017	冯　霞	福建省第五批省引才“百人计划”
15	2017	贺东航	福建省第五批省引才“百人计划”
16	2017	石红梅	福建省高校思想政治教育中青年杰出人才支持计划
17	2018	朱冬亮	南强青年拔尖人才支持计划 A 类人才
18	2019	李　猛	福建省引进高层次人才 C 类

第二节　学位点建设与研究生培养

一、硕士研究生培养的积极探索

厦门大学是马克思主义理论研究与传播的重镇。著名经济学家王亚南教授毕生从事马克思主义理论的研究和传播事业，他和郭大力合译的《资本论》是在我国出版的第一部中文全译本，对马克思主义在中国的传播产生了巨大影响。早在 1945 年秋，王亚南正式出任厦门大学法学院院长兼经济系主任，给学校带来了一股马克思主义的春风。1950 年 7 月，王亚南出任厦门大学校长，积极倡导把马克思主义理论与中国社会主义建设实践紧密结合起来，为推动马克思主义中国化作出了不懈努力，奠定了厦门大学马克思主义理论研究的坚实基础。他主持经济研究所时，提出研究生教育以培养马列主义经济理论和建设人才，适应新民主主义建设的需要为目的，在摸索与尝试过程中创造了新的经验。[①] 1950 学年度经济研究所就开设有王亚南讲授的“政治经济学”、“马列主义基本理论”和王亚南在其中担任重要几讲内容的“社会发展史”，俄文学习则以阅读

① 《快近周岁的经济研究所》，《新厦大》1951 年 4 月 6 日，第 6 版。

“联共党史”为主。[①] 经济研究所的研究生担任工科院系的政治助教、“政治经济学”课程的班教员与研究生一起听王亚南的相关学术报告等，对我校政治理论课的顺利开设起到积极的促进作用。

1985年9月，马列室开始尝试在历史系专门史（近现代史）专业硕士点下设立“中国现代政治思想史”研究方向，并招收首届硕士研究生（1名），李淑媖副教授任指导教师，自此展开了独立培养高层次专门人才的初步探索。

1986年8月，学校设立科学社会主义和国际共产主义运动硕士点，这是全国首批设立的该二级学科硕士点单位之一。同年，马列室把设在历史系近现代史专业下的中国现代政治思想史研究方向，移到政治学系的“科学社会主义”硕士点，并增加“社会主义经济思想研究”和“中国近现代政治制度史”两个方向。

1987年，马列室开始招收毛泽东思想发展史研究方向的硕士研究生，并在此基础上，拓展出马克思主义政党学说史的研究方向。

1990年政治学系与马列室分开设立，科学社会主义硕士点中的“国家学说”方向设在政治学系；“社会主义经济思想研究”和“中国近现代政治制度史”两个方向设在马列室，其指导教师李淑媖、黄志仁和黄九如也均在马列室。厦门大学是国内最早开展“马克思主义国家学说”研究的高校之一，其研究成果在学界素享盛名。《国家学说史》（邹永贤主编）曾获首届国家社科基金项目优秀成果奖三等奖、教育部第一届社会科学优秀成果奖二等奖、华东地区六省一市理论图书一等奖；《马克思主义国家学说概论》（邹永贤编著）曾获福建省第二届社会科学优秀成果奖一等奖；《现代西方国家学说》（邹永贤等著）曾获福建省第三届社会科学优秀成果奖二等奖。

1996年，学校在政治学学科下设立中外政治思想史专业的硕士点，开设有“西方马克思主义”和“马克思主义国家理论”研究方向。与此同时，马列部教师还在校内相关学科招收硕士研究生，如在哲学系招收马克思主义哲学专业的硕士研究生，在政治系招收科学社会主义专业的硕士研究生。

1997年，科学社会主义与国际共产主义运动史专业硕士点在政治系设有马克思主义国家学说、当代社会主义问题2个研究方向，在马列部设有社会主义市

---

① 《经济研究所这学期将怎样进行教学》，《新厦大》1951年3月9日，第3版；胡体乾：《经济研究所一年来工作总结报告》，《新厦大》1951年8月10日，第3版。

场经济理论、毛泽东思想、建设有中国特色社会主义理论3个研究方向。

2003年8月，新增马克思主义理论与思想政治教育、中共党史两个专业的硕士点。

马列室和马列部的研究生招生规模比较小，每年招生名额通常在2～5名，2004年达到了15名。自1985年至2005年，马列室和马列部先后独立招收全日制硕士研究生共72名。2005年6月后，因学校实行思政课教学体制改革，思政课教师分散到各相关学院，马列部的硕士点及在学研究生统一转到公共事务学院。

马列部(室)在拓宽研究生培养方向的同时，积极发挥学科优势，满足国家和社会的需要，为地方培养马克思主义理论教育和思想政治工作方面的人才。1988年，马列室招收一届马克思主义理论教育“中国社会主义建设”研究生班，毕业的11名学员在工作中均表现出色，研究生班的教学质量和教学水平得到各界的一致认可。之后，马列部在1997年、1998年、2000年、2001年、2002年均招收有研究生课程进修班学员共257人。2004年，马列部招收了一届高校教师在职攻读马克思主义理论与思想政治教育专业硕士学位研究生，学制2年，学习形式为半脱产(其中第一学年集中脱产学习)，招收对象为国民教育系列大学本科毕业，工作已满2年且在高校从事党务工作或从事思想政治教育工作的管理人员，具有较好教学水平的基础课、公共课(含“两课”)教师以及高职、高专、新升格大专院校的教师。

2002年，马列部军事教研室联合高等教育研究所(现为教育研究院)，在全国率先招收全日制大学生国防教育方向硕士研究生。2003年，马列部军事教研室开始招收普通高等学校教师在职攻读高等教育学国防教育方向专业硕士学位研究生，学习年限为两年半，其中须有半年为全脱产学习。当时全国只有6所高校可招收该类专业硕士研究生。①

① 吴温暖:《高等学校国防教育》，厦门大学出版社2007年版，第221页。

二、马克思主义理论学科研究生的培养

2005年12月，国务院学位委员会和教育部下发《关于增设和调整马克思主义理论一级学科及所属二级学科的通知》，决定将马克思主义理论学科从政治学学科中分离出来，升格为法学门类下一个独立的一级学科。此后，全国各高校及研究机构马克思主义理论一级学科及其所属的二级学科建设取得重要进展。一级学科博士学位授予权单位由增设之初的21个发展到2018年初的80个；一级学科硕士学位授予权单位由增设之初的73个发展到2018年初的229个。[①] 马克思主义理论一级学科建设，是党中央的重要决策部署，是不断开辟马克思主义发展新境界的必然要求，已经成为我国开展马克思主义理论研究、推动党的理论创新、加强思想政治理论课建设和培养思想政治教育工作队伍的重要平台和支撑。厦门大学是国内最早传播马克思主义的重要阵地，拥有马克思主义理论研究与人才培养的传统优势和雄厚实力，因而在马克思主义理论一级学科学位授权点申报工作中理应尽快紧跟时代步伐，并不断取得新的突破。

2007年9月，校党委印发《厦门大学关于贯彻〈中共中央国务院关于进一步加强和改进大学生思想政治教育的意见〉的实施意见》，明确提出要"加强马克思主义理论一级学科及相关二级学科建设，促进马克思主义中国化最新成果的研究工作"。当时，学校马克思主义理论一级学科建设总体上仍相对滞后，资源整合不够有力，优秀中青年学术带头人比较缺乏，重大理论与实践问题研究不够深入透彻，学科建设的体制机制有待进一步完善。[②] 2009年3月，学校成立了马克思主义研究院，其中一项重要任务就是要以研究院为平台，充分利用学校人文社会科学研究的综合优势，结合党建理论创新发展的需要，进一步整合学科研究力量，积极申报马克思主义理论一级学科博士点。

2010年3月19日，学校召开马克思主义理论学科建设工作会。朱崇实校长指出，马克思主义理论学科建设是学校整体学科建设的重要内容。要继承和发扬我校在马克思主义理论研究方面的优良传统，凝心聚力、扎实工作，积极申

---

① 张雷声：《马克思主义理论学科在改革开放中前行》，《思想理论教育导刊》2018年第10期。

② 中共厦门大学委员会印发《关于进一步加强和改进思想政治理论课建设的意见》，2009年12月26日。

报马克思主义理论一级学科博士点。他就此工作提出了三点意见：一是充分发挥马克思主义研究院的作用，落实各项具体措施。二是利用学校的学科优势，结合国家发展的需要，确定有重点、有特色、有优势的马克思主义理论博士点申报的研究方向。三是整合学科研究力量，形成一批新的优秀理论成果，为申报工作提供理论支撑。①

图 2-5 学校召开马克思主义学科建设工作会(2010 年 3 月)

马克思主义学院成立后，全院上下继续将推动马克思主义理论一级学科学位点建设列为一项工作重点。2012 年 2 月，原招录在公共事务学院思政系的 22 名在学硕士研究生全部转归马克思主义学院。3 月，国务院学位委员会下发了《关于下达 2010 年审核增列的厦门大学等三所高校的马克思主义理论硕士学位一级学科名单的通知》(学位〔2012〕4 号)，厦门大学马克思主义理论一级学科硕士学位授权点获批建设，学院拥有了马克思主义基本原理、马克思主义发展史、马克思主义中国化研究、国外马克思主义研究、思想政治教育和中国近现代史基本问题研究 6 个专业的硕士点，以及中共党史专业硕士点。学院自 2016 年起开始推行按照一级学科组织初复试来招收硕士研究生，并确定了马克思主义基础理论研究、习近平治国理政思想研究、中国特色社会主义农村发展道路研究和国

① 黄晓丹：《学校召开马克思主义理论学科建设工作会》，《厦门大学报》2010 年 3 月 20 日，第 1 版。

外马克思主义研究四个重点学科发展方向。在2016年全国学位授权点合格评估中，本院马克思主义理论一级学科硕士学位授权点得到评审专家组的充分肯定，评审结果为“优秀”，为扩大学院研究生招生规模和申报一级学科博士学位授权点打下坚实基础。

2012年，马克思主义学院硕士研究生仅招收4人，2016年后招生数开始迅速增长，2020年招生规模达53人。截至2020年12月，学院已有在校硕士研究生133人。学院在专业人才培养上，不断深化研究生培养机制和教学改革，全面落实和完善一级学科培养方案，创新学科团队与教研部协同负责的培养管理机制，强化研究生培养的政治要求和科研导向。为了活跃学术气氛，开阔研究生的学术视野，学院自2013年以来坚持每年面向全校学生举办一次“缅怀·使命·梦想”主题征文活动。2012年2月，学院创办了“行知”读书会，以主题沙龙的形式广邀院内外专家学者参与，引导学生“读原著、学原文、悟原理”，为学生答疑解惑，督促学生形成阅读经典的学术习惯与学习氛围。截至2020年12月，读书会已举办60期。2017年2月，学院组织申报的“习近平新时代中国特色社会主义思想读书社”和“马列经典著作读书社”入选福建省高校首批重点马克思主义理论读书社。读书社成员以本院学生为主，在教师指导下通过常态化开展集中读书交流活动，着力培养造就一批用马克思主义理论武装的青年马克思主义者。

图2-6 马克思主义学院首届硕士研究生毕业合影（2012年6月）

2016 年，马克思主义学院依托本校马克思主义哲学、政治经济学、科学社会主义与国际共产主义运动等学科的学位点，单独命题，首次招收 5 名博士研究生，自此开启了学院独立培养博士研究生的历程。

2018 年 3 月，国务院学位委员会发文公布了全国 2017 年审核增列的博士、硕士学位授权点名单，厦门大学马克思主义理论一级学科博士学位授权点获批建设。这是我校在没有设置马克思主义理论二级学科博士点的情况下，直接增列为一级学科博士学位授权点，实现了学院在学科建设上的重大突破，成为我校马克思主义理论学科建设的又一里程碑。① 这不仅有利于加强和改进我校思政课教育教学，而且能够为培养造就一支高素质的马克思主义理论研究和教学队伍提供了有力支撑。本学科博士点目前按照马克思主义基本原理、马克思主义中国化、思想政治教育、中国近现代史基本问题 4 个重点研究方向进行招生和培养。马克思主义基本原理方向致力于马克思主义基本原理的形成和发展、马克思主义基本原理的当代运用研究；马克思主义中国化研究致力于马克思主义中国化的历程、规律及其成果研究，习近平在闽的理论和实践研究，新时代中国农村改革发展问题研究；思想政治教育方向侧重于思想政治教育基本原理和方法研究、德治和法治关系研究；中国近现代史基本问题方向致力于中国近现代史基本问题前沿研究、中国共产党执政历程和基本经验研究。12 月，以张艳涛教授为带头人的“当代中国马克思主义立德树人创新团队”入选“2018 年福建省研究生导师团队建设项目”(博士生导师团队)。研究生导师团队建设周期为 3 年，要求秉承先进教育理念，明确立德树人职责，重视学科前沿引领，创新人才培养模式，努力造就一支有理想信念、有道德情操、有扎实学识、有仁爱之心的研究生导师队伍，助力研究生成长成才。马克思主义学院现有专兼职博士生导师 14 人，②在校博士研究生 52 人。

2014 年以后，学院按照一级学科修订培养方案和课程体系，并且实行硕博课程互通互选，构建一体化教学体系，旨在培养具有扎实专业素养、实践能力和创新精神，能运用马克思主义立场、观点和方法分析研究解决现实问题，能胜任

① 卢明辉：《把厦大马克思主义理论研究优良传统发扬光大》，《厦门大学报》2018 年 4 月 1 日，第 7 版。

② 本院博士生导师 10 人：朱冬亮、张有奎、冯霞、宋建丽、张艳涛、石红梅、周雪香、苗瑞丹、林密、肖斌。兼职博士生导师 4 人：冯刚、孔明安、贺东航、庞虎。

马克思主义理论研究、教学、宣传和管理工作的高层次创新型人才。培养方案进一步规范了核心课程设置，设立“马克思主义经典著作研读”“马克思主义研究方法与论文写作指导”“高校思想政治理论课教学与研究”“习近平总书记关于教育的重要论述研究”等一级学科课程，突出对研究生学术研究能力和实践创新能力的培养；促进课程教学与科研训练融合，进一步规范开题报告、中期考核、文献综述与科研报告、社会实践与创新实践、学术讲座和预答辩等培养环节。坚持以问题为导向，积极推进课程教学团队建设，建立“学院—教研部—课程组”三级组织集体备课制度，邀请国内同行名家进行备课辅导，充分发挥学科带头人作用，组织教师研讨、细化教学内容，开展精品示范课程观摩活动。以专题式教学为依托，将党的路线方针政策融入课程教学，增强学生对前沿问题的科研探索能力。学院 2015 年 3 月还与台湾地区的台湾大学社会科学院、东吴大学人文社会学院、政治大学就开展研究生互派交流达成协议，每次每校接受 2～3 名学生申请，学习期限 1 个学期。学院目前已经先后资助了 34 名研究生分赴境外高校进行为期 6 个月以上的学习交流。

为改革和创新研究生培养模式、提高研究生培养质量、建设一支德才兼备的高素质的马克思主义理论师资队伍、加大地方培训党政干部和其他管理干部的力度，厦门大学马克思主义学院与厦门市委组织部于 2013 年 12 月联合建立了福建省马克思主义理论（马克思主义与中国发展）研究生教育创新基地。2014 年 6 月，马克思主义学院与中共福建省委教育工委、厦门市委组织部联合举办了福建省马克思主义理论研究生教育创新基地建设座谈会暨“邓小平与中国特色社会主义道路”学术研讨会，专家学者汇聚厦门，为马克思主义理论研究生教育创新基地建设献计献策。2018 年 12 月，由福建省学位办主办，厦门大学研究生院、厦门大学马克思主义学院、厦门大学马列经典著作读书社共同承办的“读原著、学原文、悟原理——2018 年福建省马克思主义理论学科研究生学术论坛”在厦门大学召开，福建省内 7 所高校的马克思主义理论学科在读博士、硕士研究生及带队老师等 70 余人参加，有力促进了本学科青年学子之间的学术交流，提升了本学科青年学子的专业素养。

学院重视加大招生宣传力度，积极开拓优质生源，完善选拔方式。2016 年以来，连续举办全国优秀大学生夏令营，选拔各校推免生到我院免试攻读硕士学位或直接攻博。学院博士研究生招考方式自 2021 年起已经从普通招考改变为实行申请考核制，同时继续招收硕博连读考生。

图 2-7 马克思主义学院 2016 年全国优秀大学生夏令营活动合影(2016 年 7 月)

近年来，学院研究生培养质量得到不断提升，已经成为本学科科研活动的生力军。2016 年以来至 2020 年底，学院先后有 4 篇硕士生学位论文获评福建省优秀学术学位论文，研究生公开发表学术论文 263 篇，其中在一类、二类核心学术刊物上发表论文占 14%，参与撰写著作 6 部。2018 年 11 月 26 日，在中共福建省委教育工委主办，福建省高校思想政治理论课教学指导委员会、福建省广播影视集团东南卫视和福建教育电视台共同承办的第三季福建省高校大学生学习马克思主义理论"一'马'当先"知识竞赛总决赛中，厦门大学荣获研究生组团体第一名、本科生组团体第二名，总成绩位列全省高校第一名。其中，研究生组 5 名参赛队员同学中就有 4 名马克思主义学院学生。学院研究生在 2018 年"第一届全国马克思主义理论学科研究生优秀论文奖"评选活动中获一等奖 1 篇、二等奖 2 篇、三等奖 4 篇，学院同时荣获优秀组织奖。2019 年 10 月，在教育部高等学校思想政治理论课教学指导委员会主办的第三届全国高校大学生讲思政课公开课展示活动中，学院选送的学生讲思政课作品荣获三等奖。2020 年 12 月，在福建省马克思主义理论学科研究生教学技能大赛中，学院研究生选手有 1 人获二等奖、3 人获三等奖、2 人获优秀奖。

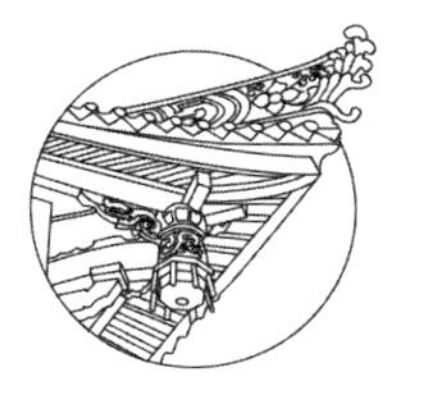

第三章 思政课程教学与改革

高校思想政治理论课承担着对大学生进行系统的马克思主义理论教育的任务，是对大学生进行思想政治教育的主渠道和主阵地。加强和改进思政课建设，是贯彻党的教育方针的具体体现，是中国特色社会主义大学的本质要求，是党和国家事业长远发展的根本保证。新中国成立以后，厦门大学根据中央精神和教育行政主管部门规定，不断加强学校思政课建设，积极推动教学、教材、教法改革，其间虽然有过曲折，经历多次调整变革，但总体上是经历了从不成熟到不断完善的发展过程，目前正奋力迈进改革创新的新时代。

第一节 本专科生思政课教学的发展变化

一、思政课教学的艰难起步

（一）政治理论课教学的初步开展

《中国人民政治协商会议共同纲领》（1949 年 9 月 29 日中国人民政治协商会议第一届全体会议通过，简称《共同纲领》）规定，中华人民共和国的文化教育为新民主主义的，即民族的、科学的、大众的文化教育。教育方法为理论与实际一致。为肃清封建的、买办的、法西斯主义的思想，发展为人民服务的思想，要给青年知识分子和旧知识分子以革命的政治教育，以适应革命工作和国家建设工作的广泛需要。

开展马克思主义政治理论课教学，是《共同纲领》对新教育提出的明确要求。“一般讲来，思想总是落在现实后面的，那又必然成为现实发展的障碍。因此，旧有的、传统的思想，及一切不合理的、错误的理论，必先通过政治学习而予以否定，一些封建思想、资本主义的个人主义自私自利打算，在新民主主义的人民社会，是应当逐渐受到清算的。”“我们必须通过新哲学、社会发展史以及政治经济学的学习，先让自己对社会变动的一些基本环节有了初步理解，然后再逐步提高，使自己的思想由量变达到质变。”[①]

厦门解放以后，厦门大学二至四年级学生于 1949 年 12 月 21 日复课。为实施新民主主义的文化教育，学校参照华北各大学公共必修课暂行办法的规定，[②]先行开出“新民主主义论”和“政治经济学”两门政治课。每门政治课均设有中心小组，负责拟具讨论大纲，各学习小组按照大纲组织同学进行重点讨论并将讨论结果汇总到中心小组，中心小组于学期结束时再选择其中内容优良的讨论总结予以公布。[③] 不过，在教师缺少、复课较迟的情况下，全校教学工作刚开始未能完全走上正轨。[④]

1950 年 4 月初，为有计划地推动全校员生工友开展政治学习，经临时校务会第 5 次例会议决，学校成立政治学习委员会，下设负责研究推动全校公共政治课教学的共同政治科目研究组。共同政治科目研究组聘请校内外人员组成辩证唯物论与历史唯物论、新民主主义论和政治经济学三个小组，“辩证唯物论与历史唯物论”由陆季蕃、林惠祥、张立、安明波、虞愚、黄厚哲等主讲，“新民主主义论”由林惠祥、何若钧、陈国菲、萧枫等任教，“政治经济学”由朱保训、安明波、张兆荣等讲授，均采用集体教学方式授课。[⑤] 1949 学年度第二学期，学校除继续开设“新民主主义论”“政治经济学”课程外，增开“辩证唯物论与历史唯物论”，且

---

① 王亚南：《政治学习的目的与方法——厦门大学暑期政治学习动员报告》，《新厦大》1950 年 9 月 23 日，第 2 版。

② 华北人民政府高等教育委员会：《华北专科以上学校一九四九年度公共必修课过渡时期实施暂行办法》(1949 年 10 月 8 日)，教育部社会科学司：《普通高校思想政治理论课文献选编(1949—2006)》，中国人民大学出版社 2003 年版，第 2 页。

③ 陈德昌：《半年来本校的政治学习》，《学习汇报》第一期(1950 年 6 月)。

④ 厦门大学档案馆、厦门大学校史研究室：《厦门大学校史(第二卷)》，厦门大学出版社 2006 年版，第 10 页。

⑤ 题名不详(残件)，《新厦大》，1950 年 4 月。扫描件藏厦门大学图书馆。

“均为各院系各年级之共同必修”。[①] 学期结束时，除“历史唯物论”外，其他科目均按预定计划讲授完毕。[②] 三门政治理论课的开设，是新民主主义文化教育在“新厦大”的具体体现。

1950 年暑期，大部分教员响应学校号召，自动留校参加政治学习委员会组织的政治学习，通过启发报告、小组讨论、阅读资料等环节，对政治学习的目的与方法、土地改革问题进行了系统的学习，加深了师生对新民主主义理论与政策的认识，取得良好效果。[③]

1950 年 8 月 2 日，教育部发布《关于实施高等学校课程改革的决定》，规定全国高等学校要“废除政治上的反动课程，开设新民主主义的革命的政治课程，借以肃清封建的、买办的、法西斯主义的思想，发展为人民服务的思想”。[④] 10 月，教育部在全国高等学校暑期政治课教学讨论会后，通报了秋季学期政治课应注意事项，明确规定了高等学校政治课教学方针、组织与方法的几项原则。[⑤]

为贯彻落实教育部会议精神，学校于 1950 年 9 月设立新的政治课教学领导机构——大课教学工作委员会，专司政治课的设计和检查，并按课程下设社会发展史教学工作组（黄厚哲负责）、政治经济学教学工作组（袁镇岳负责）和中心工作组（郑道传负责）。各教学工作组均由组长、主讲人和班教员组成，中心工作组则分联络、提纲、问题、资料四股。[⑥]

教学工作组组长一般兼任主讲人或班教员，同时负责在每次学生小组讨论前先召集班教员进行讨论，并总结学生的思想情况。

班教员的具体工作职责有两项：一是参加大课听讲并检查学生出勤情况；二

---

① 《解放半年来教务工作总结报告（摘要）》，厦门大学校史编委会：《厦大校史资料（第三辑）》，厦门大学出版社 1989 年版，第 44 页。

② 《厦门大学临时校务委员会报告书》，厦门大学校史编委会：《厦大校史资料（第三辑）》，厦门大学出版社 1989 年版，第 7 页。

③ 《暑期政治学习总结》，《新厦大》1950 年 9 月 23 日，第 3 版。

④ 《中央人民政府教育部发布决定 实施高等学校课程改革 争取逐步达到理论与实际一致》，《人民日报》1950 年 8 月 3 日，第 3 版。

⑤ 《关于全国高等学校暑期政治课教学讨论会情况及下学期政治课应注意事项的通报》，教育部社会科学司：《普通高校思想政治理论课文献选编（1949—2006）》，中国人民大学出版社 2007 年第 2 版，第 5～8 页。

⑥ 《领导全校政治学习 组织大课教委会》，《新厦大》1950 年 9 月 23 日，第 1 版。

是在每次讨论开始前向班内学生讲解本次讨论的重点及应该注意的问题，讨论完毕即召集学习小组长汇报并将汇报结果以书面形式报告中心工作组联络股。

中心工作组参与教学的各个环节，具有广泛的职能：联络股负责全校政治课教学的日常组织、协调和管理；提纲股负责草拟每次讨论提纲或研究主讲人拟定的提纲；问题股负责以书面形式解答每次小组讨论不能解决的问题，或将问题汇总交由主讲人口头解答；资料股负责马列主义阅览室的布置和编写参考资料索引。[①]

1950—1951 学年度第一学期，学校按要求停开“辩证唯物论与历史唯物论”，开设了“政治经济学”和“社会发展史”两门政治课。因师资奇缺，均采用大班上课教学方式。“政治经济学”是财经学院与文法学院的必修课，一学年修完，课程的主讲人是王亚南校长，370 余名学生每周上大课一次（财经学院 151 人，文法学院为 60 人。另有理学院选修学生 19 人，旁听教员 97 名、旁听学生 50 人），主讲人虽“深入浅出甚能引起听讲者的注意”，但却无法照顾到不同层次学生的听课需求。课后讨论则分为 7 个小组，由袁镇岳、何若钧、张来仪、陈克俭、罗季荣、罗郁聪和郑道传 7 名经济系教师分任班教员。[②]“社会发展史”课程由王亚南、熊德基、郑道传等五位主讲人，一学期修完，以“历史性的讲法”分章“接力”讲授，各就所长，分头准备。每讲的内容虽然做到了专精和详尽，却也存在着因主讲人风格体例相异、讲义繁简不一而影响讲课进度，以及内容转接处未能很好衔接等缺点。全校 18 个系修习“社会发展史”的学生有 821 名（另有旁听教员 20 名），以系为单位编成小组（班），每系聘 1 位教师任班教员。班教员对各班的分组、小组讨论的各项准备、讨论过程的引导和总结、学生学习效果的检查等负责，更有批阅学生提交的发言提纲、检查修习笔记、督促学生阅读参考书目等工作。教学过程由主讲人和班教员共同承担，各有侧重，相互补益。期末试卷由班教员按照标准答案集体评阅，成绩分 80 分以上、70 分以上、60 分以上与不及格 4 级。鉴于政治课特有的学习方式，课程总成绩以期终考试为主，以各种笔记

---

① 大课教学工作委员会中心组：《我们怎样搞政治大课》，《新厦大》1951 年 2 月 17 日，第 2 版。

② 《厦门大学讲授“政治经济学”的情况》，厦门大学档案馆藏，厦大教务档 50—9。

（评为甲乙丙丁 4 级）为平时成绩，两部分合并计分，颇为公平合理。[1]

1951 年春，学校组织“新民主主义论教研组”，为全校各系开设共同必修课“新民主主义论”，亦采“接力”方式讲授，一学期修完。为加强各主讲人之间的联系，要求教研组组长负责督促各主讲人课前写出讲稿，交教研组定期共同研究以防重复和脱节。组长还须同其他门政治理论课，以及与本课程有关的教研组（如政策法令、中国近代史、新民主主义经济的理论与实践）协调讲授的内容。但因

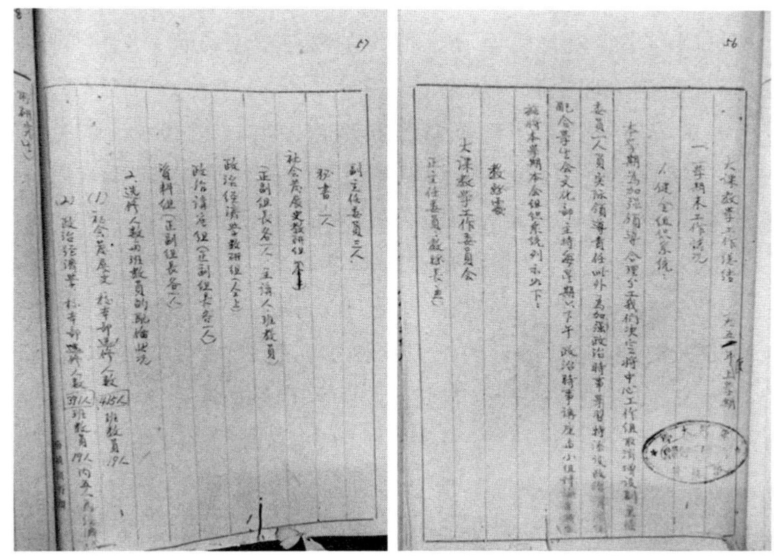
大课教学工作总结
一九五一年上学期
一 学期末工作情况
1.健全组织系统：
大课教学工作委员会
教务处
副主任委员三人
秘书一人
资料组（正副组长各一人）

图 3-1　大课教学工作总结（1951 年度上学期）

开学后不久，为响应中央的战备号召，学校理、工两学院的学生疏散到闽西龙岩教学，[2]主讲人不得不奔波两地轮番上课，教研组活动几成虚设。[3] 在 1951 年 6 月进行的大课教学检查中，学生反映本课程“更富有政治教育与现实意义”，但因主讲人多数兼任行政工作（如王亚南校长、章振乾教务长）且须往返厦门、龙岩两

① 大课教学工作委员会中心组：《我们怎样搞政治大课》，《新厦大》1951 年 2 月 17 日，第 2 版。

② 因朝鲜战争爆发，台海局势紧张，厦门大学理、工两学院于 1951 年 3 月奉命疏散到龙岩办学，1952 年 2 月底回迁厦门。

③ 大课教学工作委员会中心组：《1950 年度第二学期政治大课教学工作总结》，《新厦大》1951 年 8 月 10 日，第 3 版。

地更番上课以及个别教师调动等原因，教学进度和内容结构颇受影响，故此未能完成全部教学计划。[①] 1950—1951 学年第二学期“政治经济学”和“新民主主义论”二门政治课成绩评定分为试卷成绩占 70%，民主鉴定占 30%。民主鉴定分学习、思想、工作和作风四个方面，通过小组自报公议的方式决定最后的分数。[②]

按照理论与实际一致的原则，三门政治理论课的教学框架基本稳定下来，确立了政治理论课教学以课堂讲授为主、小组讨论为辅的教学模式，构建出课堂讲授—课下辅导—分组讨论的教学基本流程，形成了学生课后自学—写发言提纲—班教员批阅—小组发言的学习流程。在教与学两方面，这些细致而规范的工作，有助于提高政治理论课的效果。

但因当时学校突击任务和时事学习安排较多，如抗美援朝、防空防特、青年参干、土改学习等，占用了政治大课的课堂教学时间，使课堂讲授难以深入，教学计划亦未能完成。1950—1951 学年第一学期的“政治经济学”和“社会发展史”两门课在最后 5 周的讲授、讨论均要求以时事教育为主，结合抗美援朝开设“美帝侵华史”“战争与和平”专题，对原计划的理论讲授影响较大，同学们“普遍感觉到学习时间很难支配，尤其最近两个月来因突击任务特别多，运动接着运动，时常要开会，学习时间更难掌握，小组讨论也因此无法按期举行，有时举行了，又因没有充分的时间来准备，以致流于形式”。[③] 大课教学工作委员会中心工作组在课程总结中也提议学校“另排时事学习的时间”。[④] 1951 年 10 月 15 日，文法学院师生 260 余人赴安溪、惠安等地参加土改工作，学生停课 2.5 个月，教师离校参加土改致其承担的“社会发展史”教学工作也陷于停顿。后经学校多方协调，另行选派教师顶岗上课得以解决难题，但终因临危受命，准备仓促，教学效果自

---

① 大课委员会中心组:《大课教学检查总结》,《新厦大》1951 年 6 月 16 日，第 3 版。《厦门大学理学院 1950 年度下学期工作总结报告政治思想教育部分》，厦大档案馆藏，厦大校办档 50—2。

② 大课教学工作委员会中心组:《我们将怎样进行民主鉴定》,《新厦大》1951 年 7 月 1 日，第 3 版。大课教学工作委员会中心组:《我们怎样进行民主鉴定——大课民主鉴定工作总结》,《新厦大》1951 年 8 月 10 日，第 4 版。

③ 大课委员会中心工作组:《大课教学检查总结》,《新厦大》1951 年 6 月 16 日，第 3 版。

④ 大课教学工作委员会中心工作组:《我们怎样搞政治大课》,《新厦大》1951 年 1 月 17 日，第 2 版。

难寄予厚望。[①]

影响政治课教学效果的还有学生中较严重忽视政治理论课学习的倾向。有的觉得教师讲课不够味，课程内容属于不学自明的道理，有的借口业务课学习太忙而不肯投入时间，有的觉得上政治理论课完全是为了凑学分。[②] 有的提出“政治是空道理，只有业务才是真本领”，不愿意多花时间去学习掌握马列主义的立场和方法。甚至有的学生反对学校组织政治理论课考试，认为“政治课原应改为在自愿基础上选修的课程，目前政治课问题很多，考试就没有多大的意义”。[③] 政治经济学教研室在1953学年度教学总结分析中也认为：“各班同学学习政治经济学的重视程度是不一致的：财经科同学，因政治经济学首先是一门政治课，又是专业课程的基础课程，所以比较重视。文科同学，教育系最重视，历史系其次，其他系则较差。理科同学最差。”[④]

1951年8月，华东军政委员会教育部发出指示，明确“政治经济学”课程除文、法、农、教、财经等院系必须按规定修习外，其他如理、工、医等院系，如非业务所需，可不必修习。[⑤] 11月，华东教育部再发指示，提出在“社会发展史”课程中可酌情加授“辩证唯物主义”内容，或径直改称为“辩证唯物论与历史唯物论”，同时要求各高校如有条件尽可能分班上课。“社会发展史”（或改称“辩证唯物论与历史唯物论”）、“新民主主义论”及“政治经济学”三门课程均应着重加强马克思列宁主义、毛泽东思想的系统讲授，并尽可能联系中国的革命、建设实际和学生的思想实际，有计划有重点地启发与组织学生进行自学与课堂讨论，帮助学生发现问题、思考问题，引导学生在自觉自愿的基础上联系自己的思想，展开批评与自我批评。[⑥] 由于师资培养跟不上需要，厦门大学决定暂缓开设“辩证唯物论与

---

① 《大课教学工作总结》，厦门大学档案馆藏，厦大校办档51—3。

② 大课教学工作委员会中心组：《我们怎样搞政治大课》，《新厦大》1951年2月17日，第2版。

③ 王亚南：《王亚南文集（第5卷）》，福建人民出版社1989年版，第304页。

④ 政治经济学教研室：《政治经济学教研室总结（1953学年度）》，厦门大学档案馆藏，厦大教务档53—3。

⑤ 《1951学年度各校开设政治课程的几项指示》（1951年8月18日），厦门大学档案馆藏，厦大教务档51—6。

⑥ 《关于华东区各高等学校1951年度上学期进行“社会发展史”等课教学工作的指示》（1951年11月1日），厦门大学档案馆藏，厦大教务档51—6。

历史唯物论”,其他政治课则照常进行。

1951 年 10 月,学校政治课教学刚刚起步不久,王亚南校长主持召开了一次政治教员座谈会。会议提出,政治课教学要在理论与实际一致的原则下,着重于系统理论知识的讲授,集中解决学生的主要思想问题。政治课教学要避免死啃书本和教条主义,联系实际应结合具体的客观条件,并不是无原则的、无重点的机械的联系实际,绝不要牵强附会和支离破碎;要以课堂讲授为主,小组讨论为辅。课堂讲授应尽可能由专人担任或加强教研组的组织,小组讨论要发挥班教员的作用和加强与同学之间的联系;要“防止和纠正过去把政治课单纯地为了满足临时的社会政治运动,或片段的思想问题解决的偏向”。王亚南校长强调:班教员必须有充分的思想准备,把政治课的教学看作常规工作的一种,努力加强与同学之间的联系,了解并搜集他们的思想状况,及时反映给主讲教员,以便通过课堂讲演或小组讨论方式加以解决,这是搞好政治课教学的重要环节。[①]

(二)“政治讲座”纳入教学计划

1950 年 4 月初,学校在新成立的政治学习委员会之下专设校日活动组,负责每星期六下午组织全校师生员工政治学习事宜,邀请进步教师或政府首长作启发讲演,并分组进行讨论。[②] 同年底,学校大课教学委员会根据华东军政委员会教育部关于加强时事教育的通知要求,制定了以形势政策教育为主的时事教育计划,确定每两周举办一次时事讲座。[③] 时事讲座主要为加强时事政策教育,解决学生现存的一般思想问题,由学校有组织、有计划地举行。

1951 年 2 月,华东军政委员会教育部在总结上海市各大专院校试行经验的基础上,发布了《华东大专院校“政治讲座”暂行办法》,明确自 1950 学年度第二学期起,华东各公私立大专院校在校之各院系各年级及各研究所的学生每学年每学期均应连续修习“政治讲座”,直至毕业离校,并计入学分(每学期以 1 学分

---

① 《关于政治课教学改革问题的新决定——政治课教学改进座谈会记录》,《新厦大》1951 年 11 月 1 日,第 3 版。

② 《解放半年来教务工作总结报告(摘要)》,厦门大学校史编委会:《厦大校史资料(第三辑)》,厦门大学出版社 1989 年版,第 43 页。

③ 《加强全校时事教育制定最后五周计划》,《新厦大》1951 年 1 月 1 日,第 1 版。

计算，共8学分)；未连续修习者，不得毕业。“政治讲座”由学校政治教学机构负责实施，可邀请校内外人士作专题报告，每两周举行一次(必要时可增至每周一次)，每次讲授2～3小时，在学校规定的共同时间以上大课的形式组织听讲，并组织学生进行小组讨论(可与其他政治课程的讨论配合进行)。[①] 8月，华东军政委员会教育部发布的指示中，将“政治讲座”与“社会发展史”“新民主主义论”“政治经济学”并列为1951学年度高等学校的政治课程。[②] 11月，华东军政委员会教育部再次发出指示，要求华东区各高校现有的政治教学委员会(或大课委员会)应在教务长领导下，以负责时事政策的学习为主要任务，强化机构，主持“政治讲座”。“政治讲座”调整为不计学分，但学时仍应包括在每周规定的学习计划内，且要求“各院系各年级及各研究所学生必须全体参加”。[③]

为健全机构，加强时事政策教育，学校于1951年秋在大课教学委员会增设政治讲座组，以配合学生会文化部主持的每星期六下午的全校政治时事讲座与小组讨论等事宜。政治讲座组针对学生在不同阶段的思想状况，邀请王亚南校长作《目前国际情势的基本认识》，薛祀光副教务长作《婚姻法与思想改造》等讲座并进行分组讨论，“对于端正同学时事学习的看法解决同学一般思想问题上，颇起了一些作用”。[④]

(三)政治理论课教学的稳步推进

1952—1953学年，全校开设的政治理论课有所调整。“新民主主义论”在第二学期改开为“中国革命史”，为各系一年级学生必修课，每周3学时，一学年学完。由于是首次开课，时间比较匆促，因此准备不足、经验缺乏，教学内容无详细提纲可依循、自编讲稿无系统、思想性不强、理论性也不深。该课程修读学生达900多人，由于教员少，第一学期集中上大课，效果很不理想，第二学期才开始分

---

① 《华东大专院校“政治讲座”暂行办法》，厦门大学档案馆藏，厦大教务档51—6。

② 《1951学年度各校开设政治课程的几项指示》(1951年8月18日)，厦门大学档案馆藏，厦大教务档51—6。

③ 《关于华东区各高等学校1951年度上学期进行“社会发展史”等课教学工作的指示》(1951年11月1日)，厦门大学档案馆藏，厦大教务档51—6。

④ 《大课教学工作总结》，厦门大学档案馆藏，厦大校办档51—3。

成 11 个班授课，选定班教员中水平较高或其他工作较少者担任小课教员。[①]“政治经济学”为财经各科一年级学生共同必修课，每周 4 学时，3 学期学完；该课程也是文法各科二年级学生的必修课，每周 4 学时，一学年学完。学校开始按照学科分班上课。此外，该学年学校还在历史系和法律系三年级学生中增开了一门“马列主义基础”课程，由张玉麟、韩国磐主讲，每周 4 学时，一学年修完。马列主义基础教学小组在教学中根据部颁《马列主义基础讲授纲要》和《联共（布）党史简明教程》编写讲稿，注重理论与史实的结合。[②]

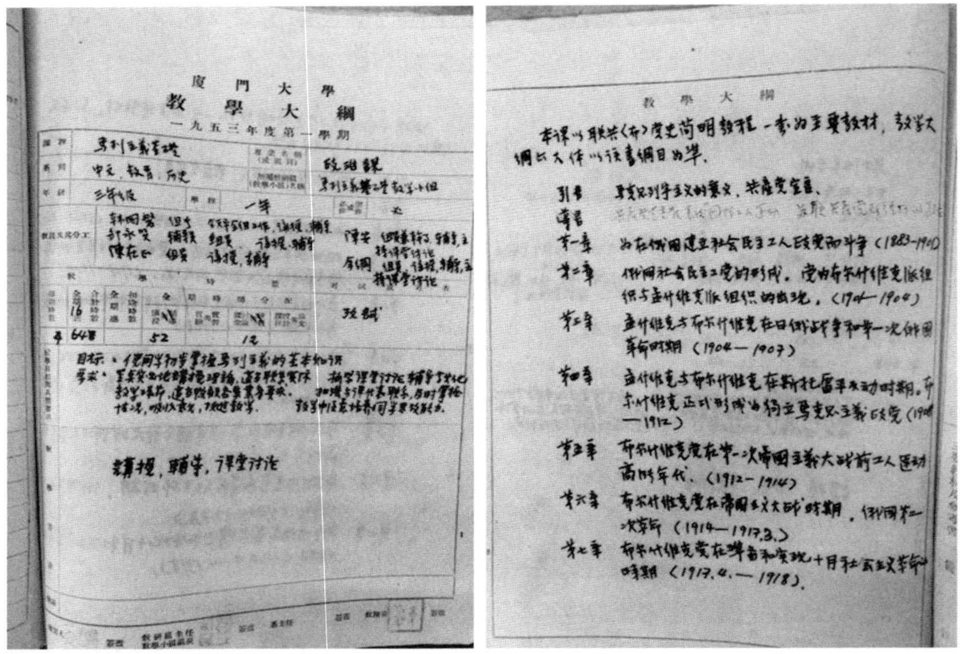

厦門大學
教學大綱
一九五三年度第一學期

马列主义基础
中文、教育、历史
三年级
一学年
讲授，辅导，课堂讨论

教學大綱

本课以联共（布）党史简明教程一书为主要教材，教学大纲大体以该书纲目为准。

引言　马克思列宁主义的意义、共产党宣言、

第一章　为在俄国建立社会民主工人政党而斗争（1883—1901）

第二章　俄国社会民主工党的成立。党内布尔什维克派组织与孟什维克派组织的出现。（1901—1904）

第三章　孟什维克与布尔什维克在日俄战争和第一次俄国革命时期（1904—1907）

第四章　孟什维克与布尔什维克在斯托雷平反动时期。布尔什维克正式形成为独立马克思主义政党（1908—1912）

第五章　布尔什维克党在第一次帝国主义大战前工人运动高涨年代。（1912—1914）

第六章　布尔什维克党在帝国主义大战时期，俄国第二次革命（1914—1917.3.）

第七章　布尔什维克党在准备和实现十月社会主义革命时期（1917.4.—1918）。

图 3-2　《马列主义基础》教学大纲（1953 年度第一学期）

---

① 马列主义教研室：《“中国革命史”1953 年度第一学期教学基本总结》，《新厦大》1954 年 4 月 23 日，第 2、3 版。

② 《“马列主义基础”1953—1954 学年度教学总结》，厦门大学档案馆藏，厦大教务档 53—3。

1953—1954 学年，理科二、三年级的学生也开始安排必修“政治经济学”，陈昭钜负责主讲文科，袁镇岳、张来仪、罗季荣、王承惠负责主讲理科，陈可焜负责主讲财经各科。王亚南校长因公务繁忙，自 1953 年起仅负责审查讲稿，不再承担政治课主讲任务，以便公务之余集中精力讲授财经科专业课。全校修读“政治经济学”的学生共有 787 人(因财经科二年级学生仅修习至上学期，故下学期为 692 人)分 11 班讲授(下学期为 10 班)，辅导和课堂讨论则分为 21 班进行。[①]“马列主义基础”因缺乏师资，仍只为中文、教育及历史(福州大学转来未修者)3 个系的三年级学生合开一个班。“中国革命史”课程吸取上一学年度的教训，全体教师努力钻研、积极负责，教学工作有显著的提高。教研室依据部颁《中国革命史提纲》，每位教师课前先行准备，按时提交书面意见，教研室主任归纳、拟出具体的讲授提纲，经教研室会议讨论修正后，各讲课教员按照提纲准备讲稿，充实讲课内容。同时，安排教学经验丰富的教师先讲，其他教师先听后讲，汲取经验。修读学生有 500 多人，按文科、财经科、物理、数学、生物、化学分成 6 个班授课，每班学生数最多的是 128 人，最少的是 60 多人；课堂讨论分 15 个班进行，每班学生数最多的是 45 人，最少的也有 24 人。为加强分组讨论辅导，学校抽调了一批政工干部担任班教员。讲课教师也亲自参加课堂讨论、抽阅发言提纲，进行辅导，及时解决教学中存在的问题。[②] 教师分班上课时尽量采用新老搭配的方式。

1954—1955 学年，学校开始选送哲学课助教前往马列学院、中国人民大学等院校进修，准备开设“辩证唯物论与历史唯物论”，本学年先组织人员给理科 4 个系的四年级学生讲授 10 个单元，但不作正式授课。“马列主义基础”的师资缺乏状况依然未能得到解决，学校无力按计划同时给全校一、二年级的学生开出，故除历史、经济、统计、会计 4 系外，其余各系一年级学生本学年暂未安排该课程，且该课程的学时亦不能按高教部计划中规定的时数执行(修读时间为二年)，

---

① 政治经济学教研室：《政治经济学教研室总结(1953 学年度)》，厦门大学档案馆藏，厦大教务档 53—3。

② 马列主义教研室：《“中国革命史”1953 年度第一学期教学基本总结》，《新厦大》1954 年 4 月 23 日，第 2、3 版。

全校暂时统一实行每周4学时一年修完的办法。①

到了1955—1956学年,学校终于按教育部要求全部开出“马列主义基础”“中国革命史”“政治经济学”“辩证唯物论与历史唯物论”4门政治理论课,修习总人数达2000余人。其中,“辩证唯物论与历史唯物论”属于首次正式开课,共3个班,由盛新民、周济主讲;“马列主义基础”已经可以面向全校开课,主讲人有邹永贤、陈孔立、陈安等6人。学校在年度工作计划要点中要求,各政治课教研组应尽快拟出改进政治课教学工作的计划,反对教条主义教学,加强联系实际,使政治课成为生动的、学生热爱的课程,切实发挥政治课在提高学生政治思想水平,建立学生共产主义世界观与人生观方面的作用。各系领导干部,必须保证学生的政治课自学时间。学校还强调要大力培养政治课师资,确保政治理论课教师在促进学生全面发展中能起带头作用。②

1957年2月,校党委书记陆维特在学校第一次党代会上对政治课教学取得的初步成绩曾给予充分肯定。他指出,学生的4门政治课,在“百家争鸣”方针提出后,更加注意理论联系实际,重视培养学生独立思考、独立工作能力,学生进一步树立了无产阶级的立场,领会了正确的观点和方法,从而对党的政策能够有较深入的理解,对国内外时事,比较能够从本质的方面去分析。③

二、思政课的调整与变化

(一)“社会主义思想教育”课程的开设与调整

1957年9月,厦门大学党委根据中央指示精神,结合整风运动和反右派斗争形势需要,决定将1957—1958学年在学生中开设的4门政治理论课暂停一

① 《厦门大学政治课教学情况报告》,厦门大学校史编委会:《厦大校史资料(第三辑)》,厦门大学出版社1989年版,第134～135页。

② 《厦门大学1955—56学年度工作计划要点》,《新厦大》1955年6月1日,第1、2版。

③ 中共厦门大学委员会党史编委会:《厦大党史资料(第三辑)》,厦门大学出版社1989年版,第56页。

年，教职工马列主义夜大学原开课程也同时停止，统一改开“社会主义思想教育”课程，全校师生员工均应参加。校党委书记陆维特强调，政治理论课教学内容和方法的改变是社会主义教育进一步全面改革的开端。在全校展开政治思想方面的社会主义大辩论，这不单是教学问题，而且是社会主义思想革命运动的重要一环。“每个人都必须过社会主义的关，政治课是对自己的改造，政治课教师首先必须改造自己，过好社会主义这一关。”[①]

为加强组织领导，学校专门成立了“厦门大学社会主义思想教育委员会”，由校党委书记担任负责人，成员包括校党委全体常委、校长、团委书记、工会主席，以及4门政治理论课教研组主任，共13人。委员会下设办公室，作为经常性工作机构。各系按要求设立“社会主义思想教育工作组”，由系党总支(支部)书记任组长，总支(支部)宣传委员、部分系主任、部门工会主委和在该系担任学生辅导工作的政治课教员为成员，在学校委员会的领导下分片开展工作。

9月中旬，学校初步制定了“社会主义思想教育”方案，决定围绕9个专题(单元)进行学习：(1)反对资产阶级右派斗争的性质和伟大意义；(2)立场问题；(3)关于社会主义革命；(4)关于社会主义建设，反对本位主义；(5)关于巩固和加强党的领导；(6)关于巩固人民民主专政；(7)关于巩固民主集中制，反对无政府主义和自由主义；(8)关于巩固社会主义的国际团结和全世界人民的团结，反对反动的民族主义；(9)反对个人主义和绝对平均主义。学习方式以讨论和辩论为主，每单元的学习一般包括启发性大报告、阅读文件、小组讨论、单元小结(包括问题解答)等环节。[②]为开好这门课程，校党委还在开课前组织大部分政治课教师深入厦门市郊区参加农村大辩论，“以培养阶级感情，促进自我改造”，搜集相关素材。[③]

11月，《厦门大学在全校教师、职员、学生中开设“社会主义思想教育”课程的方案》正式公布。方案规定，从本学期第7周起至下学期结束，在全校教师、职

---

① 《党委据中央指示决定原四门政治课暂停，改开“社会主义思想教育”》，《新厦大》1957年9月5日，第1版。

② 《“社会主义思想教育”方案初定　准备工作正积极进行中》，《新厦大》1957年9月19日，第1版。

③ 《厦大决定结合整风和反右派斗争开设社会主义思想教育课程》，《厦门日报》1957年9月20日，第1版。

员、学生中开设“社会主义思想教育”课程。学习内容以毛泽东《关于正确处理人民内部矛盾的问题》为中心教材，着重解决我国社会主义革命和建设中的重大问题：(1)我国社会主义革命和社会主义建设工作是否正确（革命和建设的成绩是不是主要的）；(2)是否应走社会主义道路；(3)要不要共产党领导；(4)要不要无产阶级专政；(5)要不要民主集中制；(6)我国外交政策是否正确等。学习分为学习动员（约3周）、大辩论（约15周）、自我检查总结（约9周）三个阶段，学习时间为每周星期三下午、星期五晚上和星期六上午。每个单元的学习一般包括启发性大报告、阅读文件、小组讨论和辩论、单元小结（包括问题解答）等环节，政治课教师负责进行辅导，校党委会、团委会和人事处的部分干部，以及各党总支（支部）书记也须参加辅导工作。小组讨论和辩论是整个学习的主要形式，必要时组织中型或大型的讨论会、辩论会、座谈会，在学习过程中发挥自由思想，展开充分的争论，用摆事实、讲道理以理服人的方法，进行和风细雨的、深入细致的分析批判，以达到真正从思想上解决问题的目的。学校成立由党委书记、党委委员和部分政治课教师组成讲授团担任讲授工作，政治课教师分组协助讲授人收集资料和备课并负责进行辅导。在整个学习和辩论过程中，必须坚决贯彻“学习理论、联系实际、提高认识、改造思想”的方针和“民主讨论”的原则。

“社会主义思想教育”课程不是一门普通的政治课，而是全民大整风的一个重要组成部分。在学习和辩论上述问题时，应该紧密联系本单位的具体实际，确定不同的重点。在教师中，可以着重辩论对教学改革成绩的估计、社会主义教育方针、教学与科学研究应否结合国家社会主义建设的需要、党在高等学校的领导以及知识分子思想改造等问题，冀能进一步明确社会主义的教育方向，批判资产阶级教育观点和促进教师的自我思想改造；在学生中，应主要围绕民主与集中、自由与纪律、个人与集体、政治与业务的关系展开辩论，进一步树立和坚定工人阶级立场，树立为劳动人民服务的思想和正确的劳动观念；在职员中，则应着重解决端正社会主义劳动态度、巩固劳动纪律和反对绝对平均主义等问题。[①]

---

① 《厦门大学在全校教师、职员、学生中开设“社会主义思想教育”课程的方案》，《新厦大》1957年11月14日，第2版。

(二)政治理论课教学重上轨道

1.政治理论课教学的逐步恢复

“社会主义思想教育”课程的开设,对于引导广大师生正确认识社会主义制度及其优越性具有重要意义。但因受“大跃进”和“左”倾思想的严重干扰,高校正常的教学秩序被打乱了。停开四门政治理论课,使系统的理论知识的传授被政治化教育所取代,是一种不正常的状态。1958 年 4 月,教育部要求各高校开设“马列主义基础”(即“社会主义教育”课程,代替“苏共党史”和“中国革命史”)、“政治经济学”和“辩证唯物主义与历史唯物主义”三门政治课。① 9 月,中共中央、国务院《关于教育工作的指示》强调,在一切学校中必须进行马克思列宁主义的政治教育和思想教育,轻视政治思想工作,和拒绝在学校中设政治课,不论用什么借口,都是错误的。②

1958—1959 学年第一学期,学校按照教育部要求开设了“社会主义教育”课,但“辩证唯物主义与历史唯物主义”和“政治经济学”仍停开一年。“社会主义教育”课实际上是“社会主义政治学”,要求联系社会主义革命和建设的实际问题,以及党的重要方针政策来学习。课程主要内容包括:(1)社会主义共产主义教育方针;(2)党的社会主义建设总路线;(3)两类不同性质的矛盾;(4)社会主义革命和无产阶级专政。每周学习时间规定为课内 4 小时、课外 4 小时,集中使用。1958 年 10 月,学校在当年发行的《学术论坛》第三期刊登了《厦门大学社会主义共产主义思想教育课教学大纲》前三个单元的内容(教学计划共有 5 个单元)。

课程的主讲人员和讲授方式发生了较大变化。学校要求政治理论课教师担任各班级的党团工作,针对学生的思想实际进行教育,并采取“四结合”的群众路线教学法,即党委讲、工农讲(土专家、劳动模范、工农群众)、教师讲和学生讲。

---

① 教育部政治教育司《对高等学校政治教育工作的几点意见(草稿)》(1958 年 4 月 12 日),教育部社会科学司:《普通高校思想政治理论课文献选编》(1949—2006),中国人民大学出版社 2007 年第 2 版,第 33～34 页。

② 关保英:《教育行政法典汇编(1949—1965)》,山东人民出版社 2016 年版,第 322 页。

在教学中“要充分运用大鸣大放、大字报、大辩论的方法，提倡自由思想，大胆暴露各人不同观点，树立对立面，大胆争辩，摆事实，讲道理；必要时还要采取参观访问、实地调查等方式”。[①] 这种教学方法的优势在于：“一是紧密地联系思想实际、工作实际，不象过去的课堂讨论，尽是在理论上搬来弄去”；“二是集思，互相启发，道理摆得生动，说服力强，不象过去教员讲课，尽是干巴巴的原理原则”；“三是解决问题深透及时，马上就能在实践中见效”。[②]

12 月初，校党委决定在集中学习党的教育方针告一段落后，“社会主义教育”课程增加一个单元，深入开展社会主义、共产主义教育运动，学习时间为 2 个月。学习应以对党的八届六中全会文件精神的领会为中心，围绕着什么是社会主义和共产主义社会、如何向共产主义过渡、关于人民公社问题等专题进行学习。整个学习必须贯彻以实际为纲，从实际出发的原则，师生员工中的思想问题必须运用群众自我教育的方法，放透、辩透，以提高认识，澄清糊涂思想。[③]

1959 年 3 月，校党委提出要进行系统的马列主义理论政治教育，上半年要开出哲学课程，下半年开出社会主义和共产主义基本知识、中国革命史和政治经济学等课程。[④] 1958—1959 学年第二学期，学校除继续开设“社会主义教育”课外，在四年级学生中开设“哲学”课（即“辩证唯物主义与历史唯物主义”），政治经济学专业一、二年级开设了“政治经济学”课程。各门课都加强了党中央决议和毛泽东同志著作的学习；教学方式上密切联系社会实践、联系党的中心任务、联系各系学生思想，着力破除脱离现实、专攻理论的教条主义倾向。从 3 月份起，在政治课时间中，每半个月抽出 4 小时，进行“形势与任务”教育。3 月中旬全校师生员工还开展了全民学哲学运动。[⑤]

1959 年 5 月，校党委在厦门大学第二次党代会上强调指出，政治理论教育

---

① 朱天顺：《下学期开社会主义教育课将采取群众路线的教学方法》，《新厦大》1958 年 8 月 28 日，第 1 版。

② 中文系政治课工作组：《我们在半年来政治课教学中的一些体会》，《新厦大》1959 年 1 月 8 日，第 3 版。

③ 《坚决贯彻八届六中全会精神　党委决定深入开展社会主义、共产主义教育运动》，《新厦大》1959 年 1 月 8 日，第 1 版。

④ 《全面提高教育质量争取今年更大更好更全面的跃进》，《新厦大》1959 年 3 月 13 日，第 6 版。

⑤ 《加强领导 联系实际 政治课面目一新》，《新厦大》1959 年 4 月 18 日，第 2 版。

要采取“两条腿走路”，即形势与任务教育和系统的马列主义理论教育相辅而行的办法，用三分之一的政治理论课学时进行形势与任务的教育。在继续走群众路线的同时，为提高政治理论教育的质量，须更加注意系统理论的讲授，更加注意发挥政治课教师的主导作用，更加注意完善小组讨论与政治课的考试制度，以达既检查学生的实际行动，又考察其理论学习情况。①

1959—1960 学年，学校开设“社会主义”“政治经济学”“哲学”课程，文财各专业增开“中共党史”课程。② 为推动政治课教学改革，学校还在文财科实行“单科独进”的教学方式，即按照教学计划中的政治理论课程先后顺序，分别在每一学年的开头阶段组织学生集中时间修完一门政治理论课。在上课时间内，除外语、体育课可兼顾外，其他业务课则一律暂时停开。

这一阶段的政治理论课教学，缺乏系统理论知识的讲授，满足于“枝枝节节地学，零零碎碎地教”，内容缺乏内在联系。在“教育为无产阶级的政治服务，教育与生产劳动结合”的教育方针指导下，突出劳动教育的重要性。1958 年、1959 年、1960 年，厦门大学在校生人均参加劳动时间分别为 103 天、67 天、74 天，再加上其他活动安排，课堂教学时间受到严重挤压，学生难以掌握系统的政治理论知识。学校要求不分文财理科，每学期一律用全部学时的十分之一时间下厂下乡进行参观访问和听取当地党政负责同志和土专家作报告。同学下厂下乡时，甚至可以采用录音教学保证教师不下班也不中断政治课教学。③ 据调查，1961 年全校暑期毕业班中没有一个班系统学完 4 门政治理论课，有的缺修两门；有的虽课程都修了，但因时数压缩过多致使内容残缺不全；还有的是以单科独进、全民学哲学、全校学政治经济学等方式代替，由于没有进行严格的考试而降低了要求。二、三年级学生也有类似情况，不少同学不能正确地表述马列主义的基本原理，甚至有的同学连一些基本概念都没有弄懂。④ 当时就有四年级的同学反映：“当初参加‘全民学哲学’，感到收效很大，可惜是学得很不够系统，只是走到哲学

---

① 未力工：《中共厦门大学委员会工作报告》，《新厦大》1959 年 5 月 15 日，第 3 版。

② 《厦门大学 1959—60 学年度工作计划》，《新厦大》1959 年 10 月 30 日，第 5 版。

③ 《政治课教学改革方案草稿》，厦门大学档案馆藏，厦大教务档 59—20。

④ 潘茂元：《贯彻教育方针和“八字”方针 为不断提高教学质量而努力》，中共厦门大学委员会党史编委会：《厦大党史资料（第三辑）》，厦门大学出版社 1989 年版，第 342、346 页。

的门口，就停下来了。”[①]

2.课程设置方案的重新调整

针对政治课程开设和教学内容不稳定、没有教科书及师资不足等问题，1961年7月教育部下发《改进高等学校共同政治理论课程教学的意见》，明确高等学校共同政治理论课程包括马克思列宁主义基础理论与形势和任务两部分，马克思列宁主义基础理论课程文科一般开设“中共党史”、“马克思列宁主义基础”（主要学习毛泽东同志的政治学说）、“政治经济学”和“哲学”四门；理科开设“中共党史”和“马克思列宁主义概论”（包括马克思主义三个组成部分）两门。[②] 学校依此规定并结合具体实际，重新调整了政治理论课的设置方案：文科开设“哲学”、“政治学”和“政治经济学”（经济系改开“中共党史”）；理科开设“马列主义概论”和“中共党史”。因“马列主义概论”课的部编教学大纲和教材迟迟未出版，厦门大学1961—1962学年起理科共同政治理论课暂以“哲学”和“政治学”（1963—1964学年第二学期起改开“政治经济学”）代替。[③] “形势和任务”（有的文件称为“思想政治教育报告”）是全校各专业各年级的必修课，一般每月6学时，以2/3的时间进行国内外形势和党的政策教育，由党委宣传部和马列室负责，安排在双周的星期六下午（每次2学时）；以1/3的时间进行共产主义道德品质教育，由各系党总支根据具体情况进行安排。政治理论课和时事政策学习并举，既加强了系统的马列主义基础理论教育，又紧密配合各时期形势特点进行思想教育。[④]

1964年7月，马列室为贯彻中央高等、中等学校政治理论课座谈会精神，各教研组讨论制订了新学年“哲学”“政治经济学”“中共党史”课的改革方案；停开

---

① 邹永贤、朱天顺等：《关于政治理论课教育工作的几点经验》，中共厦门大学委员会党史编委会：《厦大党史资料（第三辑）》，厦门大学出版社1989年版，第352页。

② 教育部：《改进高等学校共同政治理论课程教学的意见》（1961年4月8日），教育部社会科学司：《普通高校思想政治理论课文献选编》（1949—2006），中国人民大学出版社2007年第2版，第41页。

③ 《报告我校政治课开设情况》（1964年2月21日），厦门大学档案馆藏，厦大教务档64—143。

④ 《厦门大学学习试行〈高校六十条〉的情况》（1962年2月17日），厦门大学校史编委会：《厦大校史资料（第三辑）》，厦门大学出版社1989年版，第352页。

“政治学”，教师调整到其他教研组。改革方案要求各门政治理论课均应以毛泽东的著作为基本教材，根据历年来的教学经验，研究各门课程各章节需要解决的实际问题；注意贯彻“少而精”原则，精选学习材料，对非重点部分教学内容做出较大删减；废除“注入式”，采用“启发式”教学方法，教学的一般过程包括启发、自学、讨论（小组讨论）、解答或小结，课内时数的安排大体上是讲授（启发、解答、小结）占 2/5，自学占 2/5，讨论占 1/5。学年考试逐步实行开卷考，出题、评分等环节应与学生实际水平相适应。[①] 三门政治理论课文理科均安排修习一学年，文科每周上课 3 学时，理科每周上课 2 学时。学校要求全体政治理论课教师搬到学生宿舍中去同住、同吃、同娱乐，深入了解学生的情况，具体指导学生学好“毛著”。学生参加生产活动成为教改方案的有机组成部分，除参加社会主义教育运动外，每学年定为 5 周，采取以集中为主、集中与分散相结合，以下乡下厂为主、校内与校外相结合的方式参加生产劳动，通过劳动培养工农阶级感情。[②]

1965 年 4 月 13 日，校党委召开党委扩大会，会议就进一步加强党委对政治理论课的领导提出了明确要求：校党委每学期应安排 2～3 次讨论研究政治理论课教学工作。党委部分同志要分工联系政治理论课教研组，除有特殊原因外，均应参加一门政治理论课的若干章节的主要教学活动，包括备课、听课、小组讨论、单元总结等。有条件的同志，还要亲自上一些大课。要重视加强政治理论课教师的政治思想工作，帮助他们认真总结经验，不断提高教学水平。各系党总支要把政治理论课看成是党的思想政治工作的重要组成部分，经常教育学生努力学好政治理论课，支持政治理论课的教学改革。系党总支每学期要有 2～3 次讨论本系的政治理论课的教学工作，总支书记和部分委员也要尽可能深入一门政治课，参加若干章节的主要教学活动。为提高政治教师的实际工作能力，充实和扩大政治教师队伍，今后将逐步实行政治教师兼任政治辅导员，政治辅导员兼任一门政治理论课教学的制度。[③]

---

① 《厦门大学马列主义教研室开始革命化》，厦门大学档案馆藏，厦大党委档 A64—10。

② 《厦门大学教改的进展情况》，厦门大学校史编委会：《厦大校史资料（第三辑）》，厦门大学出版社 1989 年版，第 475 页。

③ 《关于党委领导政治理论课工作中存在问题的检查及今后改进意见》，厦门大学档案馆藏，厦大党委档 A65—11。

（三）政治理论课教学再受波折

1966 年“文革”开始后，政治理论课教学受到极左思想的严重冲击。1969 年厦门大学马列室被撤销，政治理论课教学完全陷入停滞。

1970 年 3 月，根据毛泽东关于“要从有实践经验的工人、农民中间选拔学生，到学校学习几年以后，又回到生产实践中去”的指示，学校开始试办工农试点班，招收学员入校学习。1972 年前后，中央开始以局部纠错的方式进行整顿，并在科技、文教和卫生等领域批判极左思潮。厦门大学在 1972 年春季开始全面招收普通班工农兵学员，所开设课程中已包括政治课。[①] 而且，为进一步贯彻党的教育方针，切实保证“以学为主、兼学别样”，使学生在德、智、体诸方面都得到发展，厦门大学革命委员会 1972 年 3 月还发文规定，政治理论课教学时间占全年总教学时间的 10%，即 182.4 学时（其中上课 73 学时，自学 109.4 学时）；政治活动与文体活动占全年总教学时间的 20%，即 364.8 学时，其中形势任务教育每月可安排 3 周，每周 3 小时。[②] 与此同时，学校申请将下放到各地的政治理论课教师陆续调回任课。

1973 年 10 月，厦门大学决定重建马列室，负责统一安排全校政治理论课，组织政治理论课的教学工作。1974 年，马列室和中文系受福建省知青办、省团委、省妇联的委托举办暑期“儒法斗争史学习班”，学员为各地选送的 185 名知青代表。1976 年，生物系植物学专业和中文系文艺创作专业共招收“社来社去试点班”学员 85 名，在校学习 2 年，政治课有“中共党史”“政治经济学”“哲学”“国际共产主义运动史”等。[③] 这一阶段的政治理论课教学，主要是以学习马列经典原著和毛泽东著作为主要内容。

---

① 厦门大学档案馆、厦门大学校史研究室：《厦门大学校史（第二卷）》（1949—1991），厦门大学出版社 2006 年版，第 181 页。

② 《关于教学时间安排的意见》，厦门大学档案馆藏，厦大校办档 B72—34。

③ 《关于社来社去班毕业情况的报告》，厦门大学校史编委会：《厦大校史资料（第四辑）》，厦门大学出版社 1990 年版，第 88 页。《我校社来社去试点班胜利毕业》，《厦大校刊》1978 年 1 月 16 日，第 1 版。

三、思政课教学的恢复与发展

(一)政治理论课教学的重新恢复

马列主义理论课、形势与任务教育和日常思想政治工作是高等学校思想政治教育的三条重要渠道。1978 年 4 月,教育部办公厅《关于加强高等学校马列主义理论教育的意见》(“78 方案”)指出,马列主义理论课是社会主义各类高等学校的必修课,教师必须教好,学生必须学好,各级领导必须管好。各类高校应开设哲学、政治经济学和中共党史,文科应另加开国际共产主义运动史。[①] 依据“78 方案”,我校全面恢复了马列主义理论课(政治理论课)的正常教学,开设了“辩证唯物主义与历史唯物主义”“政治经济学”“中国共产党党史”课程,在部分文科系加开“国际共产主义运动史”课程。校党委在《中共厦门大学委员会关于 1979—1980 学年度第二学期工作的要点》中强调,要大力加强马克思主义理论教育,贯彻理论与实践相结合的方针,既要对学生进行准确、系统的马列主义理论教育,又要紧密结合当前斗争实际和学生思想实际,引导学生做到思想和行动一致,走又红又专的道路。[②]

1980 年 7 月,教育部印发的《改进和加强高等学校马列主义课的试行办法》再次强调,马列主义理论课在各类专业中都是必修课程,不能选修或免修。要严格执行考试考查制度,检验学生对基本原理的领会程度和运用能力。在全课程学习终了后,必须进行考试。马列主义理论课的学习成绩应作为学生能否升级和毕业的根据之一。[③] 厦门大学随即开始组织各系全面修订本科教学计划,“中共党史”“政治经济学”“哲学”等马列主义理论课程的开设及学时均得到保证。文科有些系根据培养目标还有所增强,如经济系各专业的政治经济学课和哲学

① 教育部办公厅:《关于加强高等学校马列主义理论教育的意见(征求意见稿)》(1978 年 4 月),教育部社会科学司:《普通高校思想政治理论课文献选编》(1949—2006),中国人民大学出版社 2007 年第 2 版,第 70～71 页。

② 《中共厦门大学委员会关于 1979—1980 学年度第二学期工作的要点》,《厦门大学》1980 年 3 月 10 日,第 1 版。

③ 《改进和加强高等学校马列主义课的试行办法》(1980 年 7 月 7 日),教育部思想政治工作司:《加强和改进大学生思想政治教育重要文献选编》(1978—2014),知识产权出版社 2015 年版,第 9～10 页。

专业的哲学课。有的理科系把“自然辩证法”列为选修课。[①] 马列室教师针对新时期大学生的倾向性思想开展教学,压缩一部分陈旧的、一般化的,以及与中学重复的教学内容,增添了同现行方针政策和现实生活关系密切的鲜活资料,坚持启发式教学,尽可能安排课堂讨论,让马列主义理论课教学更加生动活泼。

厦门大学 1985 年本科教学计划规定,文科学生必修政治理论课为 16 学分,“中共党史”4 学分,“政治经济学”和“哲学”各 6 学分;理科学生必修政治理论课为 11 学分,“中共党史”3 学分,“政治经济学”和“哲学”各 4 学分。

(二)思想品德课纳入教学计划

十一届三中全会后,厦门大学思想品德课教学研究工作开始启动。共产主义思想品德课是与马克思主义理论课并列的公共理论课程,两者共同构成了学校思想政治理论教育的完整体系。

为正确分析我校学生的现状与特点,探索大学德育教育的内容与规律,厦门大学党委宣传部、团委会、高等教育研究室和马列室于 1982 年 6 月联合举办了我校第一次德育科学讨论会,成为厦大进行德育教学与研究工作的良好开端。会上校党委宣布将组建德育教研室,在党委宣传部具体指导下开展大学德育的教学与研究工作,并拟定从 1982 级本科生开始,德育课作为必修课纳入全校各专业的教学计划。[②] 7 月,学校正式成立德育教研室,秋季学期就在化学系 1982 级新生中抓了先行班的“品德课”试讲实验。[③] 10 月,教育部提出,“为了培养学生成为有革命理想、讲革命道德、守革命纪律、有文化的又红又专的人材,有必要把共产主义思想品德课作为一门必修课,纳入教学计划”。[④] 12 月,由中国社会科学院青少年研究所主办的全国青少年共产主义教育学术讨论会大学德育研究

---

① 《我校各系进一步修订教学计划》,《厦门大学》1981 年 1 月 17 日,第 1 版。

② 毕德钦:《我校举行第一次德育科学讨论会》,《厦门大学》1982 年 7 月 3 日,第 1 版。

③ 《加强对学生的思想品德教育 八二级学生正式开设德育课》,《厦门大学》1983 年 3 月 9 日,第 1 版。

④ 《关于在高等学校逐步开设共产主义思想品德课程的通知》(1982 年 10 月 9 日),教育部社会科学司:《普通高校思想政治理论课文献选编》(1949—2006),中国人民大学出版社 2007 年第 2 版,第 92～93 页。

专业会议在厦大召开，会上提出必须尽快建立一支专门从事大学德育教研的队伍；尽快编写出一套以马克思列宁主义毛泽东思想为指导的、具有中国特色的大学德育原理教材，使大学德育逐渐形成一个完整的科学体系。[①]

1982—1983 学年第二学期，学校在 1982 级本科生中正式开设“共产主义思想品德课”（简称“德育课”），每周星期四下午第一、二节上课，单周上“德育课”，双周上“形势与任务”课（原先安排在每周星期六下午第五、六节），一学年修完。考试成绩填入“学生记分册”，作为学生操行评语和评选先进的主要依据之一，但不计学分。学校同时为 2～4 年级的本科生开设“美育”选修课，配合“形势与任务”课的学习，采用讲座形式，举办文学作品、电影戏剧、音乐、摄影、绘画、书法的鉴赏等方面的专题报告。[②]

（三）思政课教学的稳步发展

1.“85 方案”的实施

1985 年 8 月《中共中央关于改革学校思想品德和政治理论课程教学的通知》（通称“85 方案”）指出，马克思主义理论课教学必须面向现代化、面向时代、面向未来；高校马克思主义思想品德和政治理论课应以中国革命史为中心的历史教育、马克思主义基本理论的教育、中国社会主义建设和改革的理论与实践教育以及有分析有比较地介绍当代社会思潮、当代世界政治经济与国际关系等为主要内容，使学生在对外开放的环境下有坚定的立场和较强的适应能力。[③]1986 年 3 月，国家教委发布相关落实文件，标志着思政课建设“85 方案”的正式出台。“85 方案”全面调整了高校政治理论课的课程设置，突出了中国革命、建

---

① 《全国青少年共产主义教育学术讨论会大学德育研究专业会议在我校召开》，《厦门大学》1983 年 1 月 4 日，第 3 版。

② 《加强对学生的思想品德教育 八二级学生正式开设德育课》，《厦门大学》1983 年 3 月 9 日，第 1 版。

③ 《中共中央关于改革学校思想品德和政治理论课程教学的通知》（1985 年 8 月 1 日），教育部社会科学司：《普通高校思想政治理论课文献选编》（1949—2006），中国人民大学出版社 2007 年第 2 版，第 106～107 页。

设和改革的理论与实践教育，提出从1986年起，用3至5年时间进行政治理论课教学改革工作，逐步开出“中国革命史”“中国社会主义建设”“马克思主义原理”“世界政治经济和国际关系”等新课程。[①]

马列室为落实中央文件精神，对政治理论课的教学内容、教学方法及考试制度等进行了改革，将政治课教师总结的教改经验汇编成册，进行交流、学习，共同提高。马列室根据中央开设新课程的要求，组织“中共党史”课教师编写《中国革命史》讲义，为改开新课做好充分准备；举办新课程“中国社会主义建设”师资培训班，其他新课程的师资培养和资料积累也积极进行。[②]

1987年4月，校党委《关于加强我校政治理论课教学的若干意见》提出，“中国革命史”课积累了一定的经验，应当进一步总结提高，加以完善。“中国社会主义建设”课先在短学期试行，待比较成熟后再推广。各门政治理论课都要贯彻理论联系实际的方针。在教学内容上，要联系反对资产阶级自由化思想的斗争实际，以及学生的思想实际，运用马克思主义的基本原理和丰富的历史资料给予科学的说明，引导学生正确地思考和认识他们所关心的问题，发挥政治理论课的教育作用和战斗作用。在教学方法上，要根据学生的特点和认识规律，因材施教，推广“启发式”教学；加强社会实践，适当组织参观、调查、访问；要组织好课堂讨论，使教学过程形式多样，生动活泼，增强政治理论课的说服力、吸引力、战斗力，提高教学效果。学校还提出要提高政治理论课的地位，在评选“三好学生”、先进单位等荣誉称号时应注意突出学生政治理论课的学习成绩。[③]为了有针对性地解决学生中存在的主要思想问题，马列室还组织人员编写了数万字的《学生思想情况汇编》，给教师理论联系实际提供必要的参考材料。

学校自1987—1988学年开始，首先对“中国革命史”的学分进行调整，文科由4学分(一学期上完，每周4学时)恢复为6学分(两学期上完，每周3学时)；理科由3学分(一学期上完，每周3学时)恢复为4学分(一般为两学期上完，每

---

① 《关于在高等学校进一步贯彻〈中共中央关于改革学校思想品德和政治理论课程教学的通知〉的意见》(1986年3月20日)，教育部社会科学司：《普通高校思想政治理论课文献选编》(1949—2006)，中国人民大学出版社2007年第2版，第109～110页。

② 誌人：《马列室抓紧教改工作》，《厦门大学》1986年3月8日，第3版。

③ 《关于加强我校政治理论课教学的若干意见》，厦门大学校史编委会：《厦大校史资料(第四辑)》，厦门大学出版社1990年版，第410～414页。

周2学时)。“政治经济学”“哲学”的学分和学时暂保持不变(即文科6学分、理科4学分)。之后,学校又按照要求将“政治经济学”“辩证唯物主义与历史唯物主义”陆续调整为“当代资本主义”“中国社会主义建设”“马克思主义基本原理”。文科类各系停开“国际共产主义运动史”,开设“世界政治经济与国际关系”限制性选修课(1991—1994年,学校先在法律、哲学、中文、新闻和外文5个文科系作为必修的政治课开设)。

面对1989年春夏之交政治风波和东欧社会主义国家的剧变所带来的严峻现实,1991年8月,国家教委明确要求各级教育部门的领导必须保持清醒的头脑,坚定不移地坚持社会主义方向,坚持用马克思主义育人;必须从反对“和平演变”和争夺接班人的战略高度来认识和加强高校的马克思主义理论教育。①

1992年1月10日,学校召开党政办公会议专题研究马克思主义理论课教育工作。会议决定校党政领导今后每学期至少专门研究一次马克思主义理论课教育工作,召开一次全校马克思主义理论课教育工作会议;校党政领导要分别定期向马列部教师作关于党的路线、方针、政策和重大时事的报告和专题讲座;各系党政领导和学校相关职能部门,应把马克思主义理论课作为对学生进行思想政治工作的主要阵地和主要渠道,列入本职工作的重要议事日程;各级组织在评选三好生、优秀学生干部、各类奖学金和发展党团员时,应把学生马克思主义理论课的学习态度和成绩作为考评的重要标准之一;马列部要采取切实措施加强自身建设,主动同有关部门进行联系与沟通,全面提高马克思主义理论课教学质量和效果。② 会后,学校成立了由校党委副书记郑冬斯任组长,常务副校长郑学檬任副组长的马列主义理论教育领导小组,并指定郑学檬主管马克思主义理论课教育工作。学校还恢复了政治理论课教师下系下班参加指导学生政治学习和一些党团活动的制度,使教师有更多的机会和条件了解学生的思想情况,并帮助学生释疑解难,从理论高度上解决一些深层次的思想认识问题,有效地配合各系党总支加强对学生的思想政治教育工作。

---

① 《国家教育委员会关于加强和改进高等学校马克思主义理论教育的若干意见》(1991年8月3日),教育部社会科学司:《普通高校思想政治理论课文献选编》(1949—2006),中国人民大学出版社2007年第2版,第138～140页。

② 《校党政办公会议研究决定 加强马克思主义理论教育》,《厦门大学》1992年3月15日,第2～3版。

1993 年 7 月全国高校第四次党建工作会议提出，要把马克思主义理论课和思想政治教育课作为高校重点课程来建设。厦门大学马列部制定了《关于把马克思主义理论课作为重点课程的实施意见》，提出推进教学内容和教学方法改革、加强师资队伍建设和加强领导班子建设等具体举措。校党委、校行政以通知附件的形式于 1994 年 2 月 23 日将其印发全校。嗣后，各教研室组织教师深入讨论并编写出了各门课程“当前联系实际的要点”。

2.思想品德课教学管理进一步规范

1987 年 4 月，根据国家教委的通知要求，学校决定从 1987 级本科生开始，在一年级开设“法律基础”必修课（法律系除外），由法律系负责教学工作。修习时间为一学期，2 学分。1990 年后“法律基础”课由思想教育教研室负责。

1989 年 10 月，为进一步加强学生的思想品德教育，改进教学管理，学校规定“思想品德”课从 1989 级开始，确定为本科生计算学分的必修课（1989 级以前仍按不计学分的必修课管理），列入开课计划，安排在一年级开课。每周 1 学时（隔周排课，每次 2 节课），共 2 学分，一年修完。学校强调“思想品德”课是一门思想教育课，不仅要重视理论知识的传授，而且要注重结合学生思想状况开展有针对性的教育活动。在教学内容、教学方法和教学形式等方面应加强研究，不断创新。对学生进行考核时，不仅要严格考查学生的理论知识水平，还要联系学生的道德品质修养与表现。思想品德课由思想教育教研室具体负责教学组织与实施，考核成绩记入学生记分册，同时作为学籍管理的依据之一。[①]

---

① 《关于思想品德课教学管理的规定》，厦门大学校史编委会：《厦大校史资料（第九辑）》，厦门大学出版社 1996 年版，第 26～27 页。

四、思政课教学的改进与加强

(一)“98”方案与“两课”教学改革的深入推进

1993年以后,中央和国家教育主管部门有关文件开始将高校思想政治理论教育中的“马克思主义理论课(政治理论课)”与“思想品德课”简称为“两课”。

1998年6月,中宣部、教育部为推动邓小平理论“进教材、进课堂、进头脑”工作,印发了《关于普通高等学校“两课”课程设置的规定及其实施工作的意见》(通称“98”方案),对马克思主义理论课的课程设置进行了调整。① 厦门大学随即召开校党委常委会、两部两处一室(宣传部、教务处、学生工作处、马列部和德育室)协调会、全体“两课”教师大会,制定深化“两课”教学改革的具体措施:(1)修订本科教学计划,调整马克思主义理论课设置方案,推动邓小平理论“三进”工作。(2)开展教学方式改革、教学手段更新和课时结构优化,各门课程都要拿出至少20%的学时进行教学方式改革试验。(3)加强对“两课”教育工作的领导和指导。学校成立由分管“两课”教育的校领导和宣传部、教务处、学生工作处、马列部领导及有关学科专家学者组成的“马克思主义理论课和思想品德课改革领导和教学指导委员会”,将原德育室(思想教育教研室)并入马列部统一管理,理顺“两课”教育管理体制。(4)选拔优秀教师充实“两课”师资力量,制定“两课”教师师资培训、培养规划和有关政策。承担“邓小平理论概论”课的任课教师,上岗前要全部进行一次脱产培训,其他课程任课教师也要根据新的教学基本要求进行集体备课。(5)增加对“两课”教学和改革工作的经费投入。学校增拨“邓小平理论概论”课社会实践经费、“两课”教师进修培训经费、多媒体教学软件和制作经费,并纳入学校正常预算。②

---

① 《中共中央宣传部、教育部关于印发〈关于普通高等学校“两课”课程设置的规定及其实施工作的意见〉的通知》(1998年6月10日),教育部思想政治工作司:《加强和改进大学生思想政治教育重要文献选编》(1978—2014),知识产权出版社2015年版,第179～181页。

② 《深化“两课”教学改革　推动邓小平理论“三进”》,《厦门大学》1998年6月25日,第1版。

11 月，学校印发马克思主义理论课程设置调整和教学安排通知，决定从1998 年秋季学期开始，本科阶段原先开设的“中国革命史”、“当代资本主义/政治经济学(资本主义部分)”、“中国社会主义建设”、“哲学”和“世界政治经济与国际关系”，调整为“毛泽东思想概论”(文科类，3 学分；理工类，2 学分)、“马克思主义政治经济学原理”(2 学分)、“邓小平理论概论”(4 学分)、“马克思主义哲学原理”(3 学分)和“当代世界经济与政治”(限文科类专业，2 学分，1999—2000 学年起调整)。思想品德课不变，即“法律基础”(2 学分)和“大学生成才修养”(2 学分)。各门课程修习时间均为一个学期。为做好课程设置调整的衔接工作，学校规定 1997 级、1998 级全校各科类本科学生都要修学“邓小平理论概论”。因1995 年秋季学期起已开设“中国社会主义建设”课，主要讲授“邓小平同志建设有中国特色社会主义理论学习纲要”，1995 级、1996 级学生不再开设“邓小平理论概论”课，学校将通过聘请名教授开设专题讲座等形式来加强这部分学生对邓小平理论的学习。

图 3-3　马列部组织骨干教师培训课件制作技术(2002 年)

为增强“两课”教学的吸引力、说服力和感染力，提高教学质量和提升教学效果，马列部大力推进“两课”的教学改革。一是采用专题式教学，提倡教研室内部教师自由组合，由一个教师主讲，其他教师就其研究特长协助开设若干讲座。教师讲授时以理论阐述为主线，深入分析现实生活中的热点和疑点问题，尽力解决教学内容的重复、枯燥和理论脱离实际等问题。二是调动学生的积极性，让学生参与课堂教学各环节。注意采用启发式、互动式教学，改变课堂上“教师只管讲、学生只管听”的灌输教育。组织开展课堂讨论、课堂提问、课堂辩论等，探索对话教育模式，培养学生独立思考的习惯和开放的思维方式，促进师生之间沟通交流。三是运用现代教学技术手段，购置教学音像资料，较早普及使用多媒体教学课件。2003 年建立了专供教师学习、研讨、实践现代教学技术手段的现代教育技术实验室。四是组织学生参加社会实践，把课堂教学与社会调查、社会实践结合起来，让学生感受马克思主义理论的真理性和现实力量。1999 至 2001 年，“邓小平理论概论”课开展了以外出参观、聆听报告、写观后感、汇报交流为主要形式的社会实践活动，取得很好的教学效果。五是考核方式更加灵活合理，摒弃了期末闭卷考试一锤定音的考核方式，学生学习成绩由平时和期末两部分构成，试题设计增加对原理的理解和运用的内容的比例。六是在教学领域引入竞争机制，先后进行“挂牌上课”和“长短课程”教学试验，激发教师的教学积极性和学生的学习主动性，提高了“两课”教育教学效果，多门课程被评为省级、校级优秀课程。七是加强教学秩序管理。2002 年 3 月出台了《厦门大学马列部加强教学管理工作若干意见》，规定任课教师有擅自调课、擅自离岗、经常无故迟到早退、学生测评普遍反映较差、经学校教学委员会认定教学质量差且无明显改进的，除由学校进行处理外，马列部亦将根据具体情节分别给予批评教育、扣发期末奖金、降低岗位津贴标准、降低政治表现等级、教学工作量倒扣，直至办理缓聘手续等处罚。

2004 年 10 月，厦门大学新版本科教学计划在“公共基本课程模块”设置了“邓小平理论概论”4 学分，“马克思主义哲学原理”3 学分，“毛泽东思想概论”、“马克思主义政治经济学原理”、“法律基础”和“思想道德修养”各 2 学分，“当代世界经济与政治”(文科类学生修读)2 学分。

(二)思政课教学改革的持续深化

2005 年 2 月，中宣部、教育部印发《关于进一步加强和改进高等学校思想政治理论课的意见》(通称05方案),对高校“两课”实行并轨管理,统称为“思想政治理论课”(简称“思政课”),并对思政课课程体系再次进行优化整合,规定四年制本科高校设置“马克思主义基本原理”“毛泽东思想、邓小平理论和‘三个代表’重要思想概论”“中国近现代史纲要”“思想道德修养与法律基础”4门必修课,同时开设“形势与政策”课,另外开设“当代世界经济与政治”等选修课。[①]

厦门大学从2006级本科生开始采用“05方案”的课程设置。学校要求校内承担思政课教学管理的职能部门和承担思政课教学任务的相关学院加强领导、各司其职、精心组织、狠抓落实,引导教师领会精神、吃透教材、钻研教法,力争开出精品课;并选派骨干教师赴北京参加中宣部、教育部联合举办的全国高校思想政治理论课教师培训班,组织所有任课教师参加福建省教育厅举办的全员培训。

2007年12月,厦门大学新的本科教学计划规定,从2008学年开始,本科生思想政治理论课必修课的设置与学分为:“思想道德修养与法律基础”3学分(其中课堂教学2课时,课外调研1课时)、“中国近现代史纲要”2学分、“毛泽东思想、邓小平理论和‘三个代表’重要思想概论”6学分(其中课堂教学4课时,课外调研2课时)、“马克思主义基本原理概论”3学分。“当代世界经济与政治”和“形势与政策”均为选修课,各2学分。

自2005年6月起思政课教师分散到相关学院,各门思政课教学任务也由相关学院承担。“思想道德修养与法律基础”教学由法学院承担;“中国近现代史纲要”和“当代世界经济与政治”教学由人文学院承担;“马克思主义基本原理概论”中的“哲学与科学社会主义”部分由人文学院哲学系承担,“政治经济学”部分则由经济学院经济系承担;公共事务学院承担“毛泽东思想、邓小平理论和‘三个代表’重要思想概论”(2008年秋调整为“毛泽东思想和中国特色社会主义理论体系概论”)的教学。“形势与政策”由学生处牵头组织各学院政工人员落实开课。

为加强和改进思政课教学管理,2006年6月学校宣布成立厦门大学思政课领导小组和厦门大学思政课教学指导委员会,前者由校党委书记王豪杰担任组长,后者由副校长吴世农担任主任。2009年12月,学校决定调整和充实学校思想政治理论课领导小组和思想政治理论课教学指导委员会,以统一领导全校思

---

① 《中共中央宣传部、教育部关于进一步加强和改进高等学校思想政治理论课的意见》(2005年2月7日),教育部思想政治工作司:《加强和改进大学生思想政治教育重要文献选编》(1978—2014),知识产权出版社2015年版,第293～296页。

想政治理论课建设。前者由校党委书记和校长任双组长，分管学生工作的副书记和分管教学工作的副校长任副组长；后者由分管学生工作的党委副书记和分管教学工作的副校长担任主任委员，马克思主义研究院院长担任副主任委员。

图 3-4 校领导为厦门大学 2007—2009 年度优秀思想政治理论课教师颁奖（2009 年 12 月，潘万华摄）

学校以“强学科、优队伍、活课堂”为着力点，积极采取有效措施，坚持系统授课与专题教学相结合、课堂教学与实践教学相结合、课堂教育与日常教育相结合、教师教育与学生自我教育相结合，充分运用多媒体和网络等现代教学手段，丰富课程内容，实施启发式、案例式、研讨式等教学方式，不断提升教学质量，努力把思政课建设成为大学生真心喜爱、终身受益的精品课程。深入开展社会调查、志愿服务、扶贫支教等实践教学活动，让学生在实践中了解国情、了解民情、了解社会。其间，“思想道德修养与法律基础”被评为省级精品课，“毛泽东思想和中国特色社会主义理论体系概论”被评为校级精品课。2008 年，学校进行的一项调查数据显示：71.8％的学生认为思想政治理论课对其今后发展是有帮助的;78.8%的学生对思想政治理论课教学工作表示满意。[①]

五、思政课教学的改革与创新

(一)思政课课程体系的进一步完善

1.“形势与政策”教育纳入学校思政课管理体系

1987年,国家教委要求在大学生思想政治教育课程中设置“形势与政策”课,为每学期均开设的必修课。[②] 厦门大学根据文件精神将该课程纳入教学计划,并以院系为单位采取专题辅导和举办讲座等形式,集中或分散安排学习。2011年开始,学校进一步规范了“形势与政策”的课程建设和教学管理,不仅设立“第一课堂”,而且还有“第二课堂”,初步形成理论教学、社会实践、报告讲座相结合的系列载体,并将社会实践扩展到志愿服务、创新创业活动等多种形式,真正契合学生成长成才的内在需求。[③]

2016年以前,“形势与政策”课程历经德育教研室、校党委宣传部、学生工作部(处)等机构负责管理,思政课教师参与辅导工作。2016年下半年,“形势与政策”课划归马克思主义学院统一管理,学院成立形势与政策教研部,配备专任教师,同时聘请部分辅导员担任兼职教师。学院自2016—2017学年第一学期开始在全校开设了6个班试点专题教学,文理科本科生各3个班。

2017年9月,学校根据中宣部、教育部的通知要求将“形势与政策”课从选修课调整为必修课,2学分,128学时,每学期开课。“形势与政策”课由课堂专题

---

① 李静、葛郝锐:《贴近学生的思政课让党的理论入脑入心》,《厦门大学报》2010年6月4日,第3版。

② 《国家教育委员会关于高等学校思想教育课程建设的意见》(1987年10月20日),教育部思想政治工作司:《加强和改进大学生思想政治教育重要文献选编》(1978—2014),知识产权出版社2015年版,第87～88页。

③ 郑辉、郭丹鹏:《让形势政策教育入人心》,《厦门大学报》2011年4月29日,第2版。

教学(32 学时)、网络教学(64 学时)、实践教学(18 学时)和其他活动(包括主题团课、讲座等,14 学时)共四部分组成。课堂专题教学纳入开课计划,在一、二年级的 4 个长学期开设,每学期 8 课时,0.5 学分;其他部分不计学分,但作为学生毕业要求;实践教学要求学生在本科一至三年内自行安排至少参加 1 次校团委或学院统一组织的暑期社会实践活动。四个部分考核均为合格者,本课程成绩方可评定为合格。学校同时明确,"形势与政策"课的教学力量以各学院辅导员、班主任为主,思政课专职教师、学校党政领导、哲学社会科学相关学科的教师则可承担一定的教学任务,另外也可聘请地方党政领导、知名企业家和社会各界先进人物进入课堂为学生授课。

2018 年 4 月,教育部印发《教育部关于加强新时代高校"形势与政策"课建设的若干意见》。7 月,学校调整"形势与政策"开课方案,从 2018 级起"形势与政策"作为全校本科生的公共必修课,大一至大四 8 个长学期均进行课堂专题教学,每学期 8 学时,8 个学期共 64 学时,2 学分。各学院可根据实际适当融入主题党团课或讲座,但每学期不超过 4 学时。专题教学主要由各学院党政领导和辅导员承担。每学期考核以在线测试方式进行(依托易班网络平台),8 个学期考核均合格者,课程最终成绩评定为合格;如有任一学期考核不合格,则课程最终成绩应为不合格。最终考核成绩在第 8 学期结束时一次性录入教务管理系统。新的开课方案取消了 2017 年开课方案中设置的其他教学安排。

学校目前已建立起由校党委统一领导,校党委宣传部与马克思主义学院牵头负责,教务处、学生工作部(处)、团委和各学院直接参与的"形势与政策"课教学领导体制和工作机制。马克思主义学院主要负责教师培训、课程建设和教学统筹协调等管理工作,学生所在学院负责教务安排、任课教师落实、每学期课程测试成绩的登记和最终成绩的录入等,学生工作部(处)负责各学院辅导员等兼职授课教师的管理和培训,校团委在主题党团课的布置和开展方面给予支持。课堂专题教学主要由各学院辅导员和其他党政管理干部承担,同时大力推进校院领导进课堂,以及邀请校内外专家学者、地方党政部门和企事业单位领导、先进模范人物等开设讲座。

2.完善思政课课程群建设

党的十八大以后,以习近平同志为核心的党中央高度重视思政课建设。2019 年 3 月 18 日,习近平总书记主持召开学校思想政治理论课教师座谈会并发表重要讲话,学校和学院及时组织开展学习贯彻。校党委书记张彦提出,要发扬优势传统,坚持用习近平新时代中国特色社会主义思想铸魂育人,切实把思政课在政治上开出高度、在思想上开出深度、在知识上开出广度、在格局上开出气度、在文化上开出温度,在提高思政课质量上多下功夫,确保教师“真上课”,学生“上真课”,巩固思政课意识形态教育主阵地的重要作用。校长张荣指出,推动思政课改革创新,既要在教学方式方法创新上下功夫,也要在教学内容创新上下功夫,从“以教师为中心”向“以学生为中心”转变、从“以教为中心”向“以学为中心”转变、从“统一模式培养”向“个性需求培养”转变,不断激发学生自主学习的能力。① 同年 8 月,中共中央办公厅、国务院办公厅印发了《关于深化新时代学校思想政治理论课改革创新的若干意见》。教育部、福建省委教育工作领导小组随后出台了一系列贯彻落实文件,要求各高校应坚持马克思主义指导地位,加大思想性、理论性资源供给,进一步加强以习近平新时代中国特色社会主义思想为核心的高校思政课课程群建设。

图 3-5　学校召开思想政治理论课建设工作会议(2020 年 11 月)

---

① 李静:《推动思政课教学质量和水平再上新台阶》,《厦门大学报》2019 年 3 月 29 日,第 1、2 版。

学院根据校党委的要求，贯彻落实中央和教育部的有关文件精神，制定了相关方案。自2020—2021学年第一学期开始，在全校本科生中新开设“新时代中国特色社会主义劳动教育”(2学分，选修课)，实行专题教学和实践教学相结合。理论课20学时，马克思主义学院教师授课10学时，经济学院、法学院、社会与人类学院、心理咨询中心、管理学院教师各授课2学时，计划邀请校外专家、各级劳模等走进劳动教学课堂；劳动实践体验8学时(校团委负责)；劳动实践成果展示4学时(马克思主义学院负责)。第二学期开始，在全校本科生中新开设“习近平新时代中国特色社会主义思想概论”(2学分，选修课)、“‘四史’专题研究”(1学分，选修课)和“国家安全教育”(2学分，选修课)。课程统一采用专题讲座方式，师资力量由人文学院、经济学院、法学院、公共事务学院、社会与人类学院、国际关系学院/南洋研究院、台湾研究院、环境与生态学院、马克思主义学院等单位具体承担。“四史”专题应融入福建地方革命史、厦门经济特区改革开放史和厦门大学校史等资源，充分体现课程特色。重视挖掘本地思政教育和红色文化资源，组织学生开展外出参观学习。课程群的各门课程负责人要带领课程组成员一起创新课程考核办法，探索以撰写论文、实践报告、课堂汇报等多种方式综合评价考核学生学习效果。

(二)深入推进思政课守正创新

1.规范思政课实践教学管理

马克思主义学院成立之初，学院就在2011—2012学年第二学期的“毛泽东思想和中国特色社会主义理论体系概论”和“思想道德修养与法律基础”课程中分别落实2学分、1学分作为实践教学学分，并以课题组形式推进实践育人教学改革试点。学生按照学院提供的调研指南，自组课题小组，并在任课教师的全程跟踪和指导下利用课余时间开展调研，课程结束前须完成调研报告并进行课堂汇报交流。

为贯彻落实教育部等部门《关于进一步加强高校实践育人工作的若干意见》中有关加强实践教学的要求，学校于2012年12月出台了《部分公共基本课程教学改革方案》，学院也制定了《厦门大学加强思想政治理论课实践教学的实施办法》，规范思政课实践教学管理。在“思想道德修养与法律基础”、“毛泽东思想和中国特色社会主义理论体系概论”和“马克思主义基本原理概论”课程中，分别安排 1 学分、2 学分、1 学分用于开展实践教学。学生的课程成绩由课堂理论学习和实践活动成绩组成。根据不同课程的特点，思政课实践教学在春季学期采用课题组调查形式，由学生自愿组队走出校园深入社会实际，开展社会调查并撰写调研报告。秋季学期则以课堂辩论赛或演讲赛、情景剧创演、主题课件制作与宣讲、参观考察等灵活多样形式进行。每学年短学期和暑期，由马克思主义学院整合选拔优秀的课题组，进一步加大培育力度，指导课题组成员赴外调研，深化社会实践成果。这种融合课堂教学与科研训练于一体的人才培养模式，实现了学生、学校和社会多赢的效果。

2013 年暑期，学院依托本院师资和厦门大学中国特色社会主义研究中心的力量，组建了思政课实践教学团队——“三农”实践队，多个小分队分批奔赴全国 10 余个省（区、市），深入县、乡、村，就新型农业经营主体、农村土地制度改革、社会保障与农民工政策、城镇化转型与村民自治等多个专题展开调研，取得了丰硕的成果，撰写的多份调研报告曾获得国家林业局和国务院扶贫办领导的批示肯定。

2015 年 7 月，经校党委研究，决定在全国范围内选择若干地点建立一批思政课实践教学基地，旨在利用地方优质的历史和文化资源，面向中国特色社会主义的重大理论和现实问题，为师生了解国情、开阔视野、开展理想信念教育、提高实践能力提供调研考察平台。目前，学院已在福建、宁夏、湖北、新疆等地先后建立了近 30 个实践教学基地，全方位推进实践育人工作。

2018 年 4 月，根据教育部印发《新时代高校思想政治理论课教学工作基本要求》的规定，本科生“毛泽东思想和中国特色社会主义理论体系概论”课程由原来的 6 学分调整为 5 学分，“中国近现代史纲要”课程由原来的 2 学分调整为 3 学分。5 月，经学校讨论研究，决定 4 门思政课的实践教学环节各安排 1 学分。

图 3-6　学校召开思想政治理论课实践教学优秀成果汇报表彰会合影(2019 年 12 月)

2012 年以来,学校坚持每学年由马克思主义学院组织召开一次思政课社会实践表彰大会,总结一年来开展思政课社会实践活动取得的成效,分析存在的问题,交流经验与心得,表彰在思政课社会实践活动中表现优秀的学生和带队教师。

2.健全思政课集体备课制度

教育部《新时代高校思想政治理论课教学工作基本要求》规定,教研室要依据马克思主义理论研究和建设工程统编思想政治理论课最新版教材和教学大纲定期组织集体备课,准确把握教材基本精神,研究确定教学进度和内容。学院坚持在每学期开学前、学期中、学期末,以教研部为单位围绕教学大纲、教学要点、教学规范等开展集体备课,研讨教学难点,明确教学重点,交流教学心得,提升课堂教学效果,以实现资源共享、取长补短、共同提高之目的。学院同时还不定期举行全院教师集体备课,邀请国内思政课名师名家围绕热点专题以线上线下相结合的方式与大家进行辅导交流。

2017 年 9 月,厦门大学马克思主义学院中国近现代史教研部与南开大学马克思主义学院共同发起的厦门大学—南开大学—兰州大学—四川大学“四校联动”集体备课机制正式启动,每年由成员单位轮流举办跨校集体备课和教研交流活动,加强四校“中国近现代史纲要”任课教师之间的沟通交流,促进课程教学水平的共同提高。2019 年 6 月，厦门大学马克思主义学院在“四校联动”框架下，举行“中国近现代史纲要”课程教学改革暨纪念新中国成立 70 周年教学研讨会。

图 3-7　马克思主义学院与厦门一中共建大中小学思政课一体化建设实训基地（2020 年 12 月）

2020 年 12 月以来，为深入贯彻落实学校思想政治理论课教师座谈会精神，统筹推进大中小学思政课一体化建设，学院还同福建省厦门第一中学等单位签订教育合作协议，本着资源共享、优势互补的原则，打造大中小学思政课教研共同体，推动思政课建设内涵式发展。

3.推动校内外专家学者进思政课堂

邀请具有较强马克思主义理论功底和丰富实践经验的校内外名师名家、地方党政领导干部、企事业单位管理专家、各行业先进模范人物进入思政课堂开讲座，有助于整合优质教学资源，提升思政课教育的亲和力和针对性，增进广大青年学生对中国特色社会主义的政治认同、思想认同、情感认同，增强对中国特色社会主义道路自信、理论自信、制度自信和文化自信。

近年来，学院积极推动校内外专家学者进思政课堂工作，逐步形成制度化、常态化机制。据不完全统计，马克思主义学院成立以来，先后邀请了 402 位校内外名师名家、地方党政领导干部和先进人物等进思政课堂，讲授 978 场思政专题。

学校领导高度重视思政课建设，主动走进思政课堂给学生上思政课，帮助学生树立正确的世界观、人生观和价值观。2019 年 12 月，校党委书记张彦以《扣好人生第一颗扣子——自强不息、止于至善、文明生活、健康成长》为题，校长张荣以《厦门大学"四种精神"的时代价值和现实意义》为题，分别为药学院、材料学院 2019 级本科生上思政课。[①] 其他校领导也结合自身的专长和工作经历走进思政课堂，在思政课堂上为本科生开讲座。

图 3-8　校党委书记张彦教授走进思政课堂畅谈理想信念(2017 年 5 月)

① 陈浪、张夏:《校党委书记张彦校长张荣为本科生讲授思政课》,《厦门大学报》2019 年 12 月 27 日,第 1、2 版。

图 3-9　校长张荣教授走进思政课堂阐释厦门大学"四种精神"(2019 年 12 月)

2020 年是我国脱贫攻坚决胜之年。4 月,学院通过网络连线方式邀请正在宁夏隆德县脱贫攻坚一线的厦门大学挂职干部进入思政课堂,跟同学们一起分享精准扶贫的伟大成就。2020 年,新冠肺炎疫情突如其来并不断蔓延。广大医护工作者在抗疫中义无反顾、白衣执甲、逆行出征,涌现了许许多多可歌可泣的感人事迹。学院在 3 月、5 月的思政课堂上通过网络分别连线正在武汉抗疫前线和已经凯旋的医护人员,邀请他们走进思政课堂讲述动人的抗疫故事,共同见证中国制度优势。《中国教育报》2020 年 4 月 6 日第 1 版、《光明日报》2020 年 4 月 14 日第 11 版曾分别以《厦门大学思政课注入抗疫力量》《思政不掉线 隔屏也走心》为题,报道了学院在抗疫期间不断深化思政课教学改革的具体做法。

4.开展教学方式方法改革研究

学院坚持以研促教,推动教学研究与教学实践相结合,教学价值供给与学生成长需求相适应,鼓励教师积极申报各级各类教学改革课题,改进教学方式方法,提升教学质量。从 2017 年开始,学院设立了院级教改教法研究项目,每年持续立项,加大资助力度,深化思政课的改革创新。其中,2017 年度有 13 项院级课题获准立项,资助经费 46 万元;2018 年度有 9 项院级课题获准立项,资助经费27万元；2019年度有13项院级课题获准立项，资助经费26万元；2020年度有8项院级课题获准立项，资助经费24万元。

对教学方式方法的研究最终要落实到教师的课堂组织与课程讲授上。学院教师多次在各级教学比赛中获得好成绩。2017年10月，佳宏伟获“全国高校思想政治理论课教学标兵”称号；2019年12月，张艳涛、庄三红在教育部指导开展的首届全国高校思想政治理论课教学展示活动中分获研究生“中国马克思主义与当代”课程、本科生“毛泽东思想和中国特色社会主义理论体系概论”课程竞赛二等奖；张有奎、石红梅分别于2017年、2018年入选福建省思想政治理论课教学名师工作室；2013年1月，石红梅获全国高校首届微课教学比赛福建赛区优秀作品奖；2013年6月，吴文琦、李欣获福建省第二届高校思想政治理论课教师教学比赛三等奖；2017年4月，吴文琦获福建省首届“形势与政策”课教学展示活动二等奖；2018年6月，苗瑞丹获第四届福建省高校青年教师教学竞赛三等奖；2019年11月，庄三红获第五届福建省高校青年教师教学竞赛高校思想教育组一等奖，并获“福建省高校青年教学能手”荣誉称号。为进一步提升教学技能，打造思政“金课”和教学名师，马克思主义学院于2019年6月5日成立教师教学技能工作坊，定期举行研课、磨课活动，组织教学研讨，发挥团队的力量，互帮互助。

围绕思政课教育教学改革，马克思主义学院积极主动与国内同行切磋交流，多次举办教学改革研讨会。2012年12月8—9日，马克思主义学院与教育部人文社科重点研究基地清华大学高校德育研究中心、清华大学马克思主义学院等单位，共同主办了全国思想政治教育高端论坛，与会专家学者围绕“十六大以来党的思想政治教育的历史发展和基本经验研究”、“交叉学科视域下的高校德育研究”和“马克思主义理论学科建设研究”等7个议题进行互动交流。[①] 2013年11月，马克思主义学院与福建省高校思想政治理论教学研究会联合举办了福建省高校思想政治理论教学研究会2013年度学术年会，与省内同行进行广泛而友好的互动与切磋。2018年9月，学院与福建省教育指导委员会共同举办福建省高校研究生思想政治理论课骨干教师专题培训班，取得良好效果。同年12月，

① 赖炜芳：《全国思想政治教育高端论坛在我校举行》，《厦门大学报》2012年12月14日，第1版。

教育部高校思想政治理论课教学指导委员会“马克思主义基本原理概论”分教指委2018年会在厦门大学召开，近百名与会专家学者深入研讨了习近平新时代中国特色社会主义思想“五进”(进学术、进学科、进课程、进培训、进读本)的重大问题，对深化高校思政课教学改革，提升思政课教学的质量和水平，增强大学生思想政治工作的针对性和实效性，具有十分重要的意义。[①]

第二节 研究生思政课教学的发展变化

一、研究生思政课教学的发轫

(一)早期教学计划的相关规定

新中国成立后，为适应国家经济建设和高等教育发展的需要，厦门大学经济研究所和化学研究所在1950年秋季学期录取了硕士研究生10名。其中，经济研究所8名，化学研究所2名。据统计，在1950—1965年间全校5个系、22个专业方向共招收硕士研究生110名。1966年“文革”开始后，我校研究生教育被迫中断。[②]

20世纪50年代初，学校文科类研究生教学计划中尚无关于政治理论课的统一安排。根据经济研究所的研究生培养方案，学生本科毕业后须入学研究2年。第一学期以学习俄文为重点，主要是训练对俄文书籍的阅读能力；第二学期以学习马列主义基本理论为重点；第三学期以学习经济计划为重点；第四学期以学习经济政策为重点。每学期具体科目由全体指导教授、助教和研究生共同商定。[③] 在研究所1950—1951学年第二学期教学计划中，研究生课程开设有“马列主义基本理论”，3学分，每周3小时，共17周，由王亚南校长主讲。但该课程

① 李静、江春萍：《深入研讨“马克思主义基本原理概论课”教育教学》，《厦门大学报》2018年12月14日，第1版。

② 研究生处：《研究生培养工作更上一层楼》，《厦门大学》1984年9月27日，第2版。

③ 《经济研究所》，《新厦大》1951年7月9日，第1版。

并非公共政治理论课，而是由任课教师拟定大纲，然后按大纲指定应参考的马列主义理论文献之章节，研究生循序阅读，提出疑难问题，教师汇集后系统地予以讲解，学生成绩由平时钻研态度及学期考试定之。[①] 教学计划同时规定，研究生可自行参加本科生的大课学习，第一学期是“政治经济学”和“社会发展史”，第二学期除“政治经济学”外，还有“新民主主义论”，但大课不计学分。[②] 研究生的大课学习以自学为主，集体讨论为辅，不考查成绩，但必要时得指出题目，由研究生作简短之报告。[③] 历史系考古学专业的研究生教学计划，要求学生每学期均参加“政治学习”，考核方式为考查，而没有涉及政治理论课教学方面的安排。[④]

1954 年制订的生物系研究生教学计划进度表，规定研究生在校三年时间均应安排学习“政治理论课”，总学时为 374，其中讲课 272 学时，课堂讨论练习等 102 学时。至于考核方式，第 1、3、5 学期考查，第 2、4、6 学期考试。1955 学年度入学研究生适用的生物系和化学系研究生教学计划进度表中，则明确列入“马列主义基础”和“辩证唯物论与历史唯物论”两门政治理论课，修习时间各为一学年；第一学期为考查，第二学期为考试。[⑤]

1957 年 12 月，高等教育部、教育部要求全国高等学校各年级学生和研究生，必须无例外地参加“社会主义教育”课程的学习。[⑥] 厦门大学 1957—1958 学年全体研究生的政治理论课均安排了“社会主义思想教育”课程。

(二)政治理论课教学的初步规范

1963 年 4 月，教育部颁布《高等学校培养研究生工作暂行条例(草案)》，要求高等学校应统一组织研究生学习政治理论课，并列入培养计划。8 月，教育部

---

① 《经济研究所这学期将怎样进行教学》，《新厦大》1951 年 3 月 9 日，第 3 版。

② 胡体乾:《经济研究所一年来工作总结报告》，《新厦大》1951 年 8 月 10 日，第 3 版。

③ 《经济研究所这学期将怎样进行教学》，《新厦大》1951 年 3 月 9 日，第 3 版。

④ 《考古学专业研究生教学计划进度表》，厦门大学档案馆藏，厦大教务档 64—63。

⑤ 《厦门大学研究生教学计划》，厦门大学档案馆藏，厦大教务档 64—63。

⑥ 《高等教育部、教育部关于在全国高等学校开设社会主义教育课程的指示》(1957 年 12 月 10 日)，教育部社会科学司:《普通高校思想政治理论课文献选编》(1949—2006)，中国人民大学出版社 2007 年第 2 版，第 31 页。

下发《关于高等学校研究生政治理论课的规定(草案)》,进一步明确了高等学校研究生的政治理论课,包括马克思列宁主义理论和思想政治教育报告。马列主义理论课,主要是选读马克思列宁主义经典作家和毛泽东的著作,同时也选读部分当前国际共产主义运动中的重要文件。学习方式应以自学为主,适当进行辅导(包括答疑和必要的辅导报告)。思想政治教育报告主要是向研究生举办国内外形势、党的方针政策和共产主义道德品质的报告,原则上应同本科学生一起听课,讨论可以单独进行,也可以同所在教研室的教师一起进行。①

厦门大学从 20 世纪 60 年代初起陆续在研究生教学计划中设置政治理论课。1961—1962 学年外文系、数学系、化学系和生物系的研究生均开设"哲学"课,历史系有"马列主义经典著作选读(《资本论》选读)";1962—1963 学年多数专业增加了"思想政治教育报告",经济系研究生也开了"哲学"课。1962—1963 学年理科专业研究生的政治理论课改为"自然辩证法",考核方式是撰写论文及口头交流并由老师点评。②

二、研究生思政课教学的恢复

"文革"结束后,厦门大学于 1978 年开始恢复招收硕士研究生,1981 年录取首批博士研究生。

依照《中华人民共和国学位条例暂行实施办法》的规定,马克思主义理论课纳入学位课程,要求学生较好地掌握马克思主义的基本理论。学校在恢复招收研究生初期,理科专业硕士研究生政治理论课开设"自然辩证法",由自然辩证法研究室③开课,整体评价效果较好;文科专业开设"马列主义原著"课,由各系结

① 教育部:《关于高等学校研究生政治理论课的规定(草案)》(1963 年 8 月 9 日),教育部社会科学司:《普通高校思想政治理论课文献选编》(1949—2006),中国人民大学出版社 2007 年第 2 版,第 48~49 页。

② 覃红霞、陶涛:《厦门大学研究生教育发展史(1926—2016)》,厦门大学出版社 2018 年版,第 30 页。

③ 自然辩证法研究室成立于 1978 年,1996 年 12 月并入哲学系,更名为"自然辩证法和科学技术史教研室"。

合专业特点提出应修的课程报经学校同意后执行[①]，一般侧重于学习哲学论著，如《反杜林论》哲学篇等，也有的根据专业的要求阅读《资本论》、《共产党宣言》和《国家与革命》等，开课形式与内容不完全一致，效果不尽如人意。1982 年 12 月，经学校讨论研究，决定文科政治课应开设“马列主义原著”，具体内容由学生所在系和导师商定；有条件的系可自行开课，开课有困难的系由教务处统一安排；文科政治课必须修满 4 学分。学校在审查 1982 届毕业研究生授予硕士学位前，还明确规定“政治理论课及三门研究生基础理论课和专业课程考试成绩良好以上方可授予学位，未达到良好成绩的允许重考一次”。[②]

1984 年 5 月，厦门大学在《关于研究生教学改革和 1984—85 学年第一学期开课计划安排的几点意见》中对研究生政治课教学再次进行规范，强调政治理论课是学位课，文理科均开设一学期。理科各系开设“自然辩证法”，每周 3 学时；经济学院各系研究生（包括研究生班）由经济学院统一开设“马列主义经济理论（资本论）”，每周 4 学时；文科其他各系（所、室）由研究生处统一安排开设专题，进行政治课改革试点，采用研究生自学讨论，教师讲解、辅导相结合，每周 4 学时。考核方式不作统一规定，但必须进行考核，考核成绩在 75 分以上方为合格。[③] 1985 年 6 月《厦门大学关于修订攻读硕士学位研究生培养方案的意见》再次明确规定，硕士生必修课中的马克思主义理论课为 3 学分，一般由学校统一开设。理科开设“自然辩证法”，文科根据不同专业的特点，着重学习有关的马列主义经典著作，可紧密结合社会实际搞几个专题。[④]

1985 年 8 月，《中共中央关于改革学校思想品德和政治理论课程教学的通知》提出，研究生阶段的思想理论教育，应当在大学本科的基础上继续提高，并注意与专业学习适当地结合起来；要鼓励、指导研究生认真地阅读若干马克思主义

① 《厦门大学关于培养硕士研究生方案和试行学分制的意见》，厦门大学校史编委会：《厦大校史资料（第四辑）》，厦门大学出版社 1990 年版，第 454 页。

② 《厦门大学研究生培养工作概况》，厦门大学校史编委会：《厦大校史资料（第四辑）》，厦门大学出版社 1990 年版，第 230、233 页。

③ 《关于研究生教学改革和 1984—85 学年第一学期开课计划安排的几点意见》，厦门大学校史编委会：《厦大校史资料（第四辑）》，厦门大学出版社 1990 年版，第 248～250 页。

④ 《关于修订攻读硕士学位研究生培养方案的意见》，厦门大学校史编委会：《厦大校史资料（第四辑）》，厦门大学出版社 1990 年版，第 239 页。

的经典著作，引导学生通过切实而自由的、引人入胜的讨论，掌握马克思主义的方法和理论原则。[①] 1987 年 6 月，国家教委规定高等学校研究生的马克思主义理论课是必修的学位课程之一，硕士研究生都要开设“科学社会主义理论与实践”，文、理科硕士生还要分别开设“马克思主义经典著作选读”和“自然辩证法概论”课；对文科博士生开设“马克思主义与当代社会思潮”课程，对理科博士生开设“现代科学技术革命与马克思主义”课程。[②]

1989 年 1 月，学校批准在政治系设立研究生马克思主义理论课教研室，负责承担全校研究生公共政治理论课教学任务，规范教学管理，确保教学质量。教研室的编制暂定为 4 人。其中，教授 1 人，负责文科博士生“马克思主义与当代社会思潮”课程的教学；副教授 3 人，分别负责文科硕士生的“马克思主义经典著作选读”和文、理科硕士生“科学社会主义理论与实践”课程的教学。理科博士生的“现代科学技术革命与马克思主义”和理科硕士生的“自然辩证法概论”课程由自然辩证法研究室承担。当时考虑到 1988—1989 年度第二学期文科硕士生的“马克思主义经典著作选读”课，由于时间紧迫，不可能立即配备师资，暂由政治系挑选 2～3 名教师临时共同承担。[③] 另外，经济、管理学科的硕士研究生“马克思主义经典著作选读”开设为“《资本论》研究”。

在改革深化、开放扩大的新形势下，1995 年 9 月国家教委提出硕士和博士研究生的思想政治理论教育应有更高的要求，要提高他们的马克思主义理论水平和理论思维能力，并用以指导科学研究。要继续开好原定课程并保证相应的学时。[④] 为了促使文科研究生的研究方法与国际接轨，培养学生实事求是、客观

---

① 《中共中央关于改革学校思想品德和政治理论课程教学的通知》(1985 年 8 月 1 日)，教育部社会科学司:《普通高校思想政治理论课文献选编(1949—2006)》，中国人民大学出版社 2007 年第 2 版，第 107～108 页。

② 《国家教育委员会关于高等学校研究生马克思主义理论课(公共课)教学的若干规定》(1987 年 6 月 15 日)，教育部社会科学司:《普通高校思想政治理论课文献选编(1949—2006)》，中国人民大学出版社 2007 年第 2 版，第 129～131 页。

③ 《关于印发“加强研究生马克思主义理论课的会议纪要”的通知》(1989 年 1 月 26 日)，厦门大学档案馆藏，厦大校办档 B89－108。

④ 《国家教育委员会关于高校马克思主义理论课和思想品德课教学改革的若干意见》(1995 年 10 月 24 日)，教育部社会科学司:《普通高校思想政治理论课文献选编(1949—2006)》，中国人民大学出版社 2007 年第 2 版，第 158～159 页。

严谨的科学精神，厦门大学在1997年及以后入学的文科硕士研究生中开设了“社会科学方法论（概论）”、“统计方法与技术在社会科学研究中的应用”和“经济数学模型”3门公共学位课，规定每位研究生至少修读其中一门并取得合格成绩方可毕业。

1996年9月，厦门大学对研究生培养方案进行第5次修订，进一步充实政治理论课教学内容、改进教学方法。新培养方案中政治理论课采用系统授课与专题讲座相结合的教学方式，推进政治理论课的教学改革。博士研究生政治理论课在主讲教师系统化讲授的同时，邀请相关学科的知名专家、学者及政府主管部门的领导等开设专题讲座；硕士研究生政治课理论课“科学社会主义理论与实践”，在主讲教师简要讲授系统知识的基础上，邀请文科各系著名学者讲授科学社会主义理论与实践的重大问题和热点问题。① 硕士生政治课还组织学生到校外参观考察，要求学生结合专题讲座内容自行选题撰写学习论文，然后举行课堂讨论会进行交流。学生既学到了马克思主义基本理论，又掌握了运用马克思主义基本原理分析解决问题的科学方法，教学过程也更加生动活泼且有成效。②

2000年以后，马列部在文科类博士研究生思想政治理论课中探索“三三制”教学改革，即三分之一由任课教师进行基础理论讲授，三分之一邀请知名专家学者和社会人士进行专题讲座，三分之一发动学生开展社会调查和组织各类型的交流讨论。“三三制”教学方调动了研究生们的学习积极性和主动性，政治理论课不再索然无味而成为一次次的视听享受。2005年，以苏劲、何其颖、李小平、章舜钦、杨沐喜为主要完成者的“研究生思想素质培养模式创新——公共政治理论课教学改革”项目，荣获福建省高等教育教学成果奖二等奖、厦门大学教学成果奖一等奖。

为适应研究生教育改革和加强研究生思想政治理论课程建设的需要，中共中央宣传部、教育部于2010年8月对高等学校研究生思想政治理论课程设置进行调整，硕士研究生应开设1门必修课即“中国特色社会主义理论与实践研究”，同时还须从“自然辩证法概论”和“马克思主义与社会科学方法论”两门课程中选

---

① 教育部研究生工作办公室、国务院学位委员会办公室：《高层次人才培养的研究与探索》，高等教育出版社2000年版，第283页。

② 何其颖：《我们是怎样上“科学社会主义理论与实践”课的》，《思想理论教育导刊》2000年第2期。

择1门作为选修课;博士研究生必修课程为“中国马克思主义与当代”,“马克思主义经典著作选读”课为选修课。新方案从2011年秋季开始实施。[①] 2010年11月16日,厦门大学研究生院组织召开研究生思想政治理论课程调整专题会议,提出思想政治理论课程新方案的制定应改变传统的思维方式,打破学院的界限,充分吸收各学院的优秀师资力量,以课程组的形式组织教学并开展课程建设。确定马克思主义研究院为思想政治理论课程建设与教学组织单位,成立5个课程组并推荐课程组的负责人。[②]

2012年12月,学校印发了《厦门大学研究生思想政治理论课程管理办法》。《管理办法》规定:研究生思政课师资队伍主要依托马克思主义学院的学术骨干,同时整合学校相关学科的优质资源。马克思主义学院是课程教学组织单位,负责落实每学期教学计划、师资安排、课表编排、课程考试安排等工作;研究生院负责教学班及教室协调安排等工作,并按照有关文件精神划拨专项经费到马克思主义学院,以保障研究生思政课程建设。

2014年,厦门大学为贯彻落实《教育部等部门关于进一步加强高校实践育人工作的若干意见》文件精神,将社会实践纳入文科博士生培养的必修环节,在第三学期(短学期)集中进行。2016年开始又将这一做法推广至全校硕士研究生,并从“中国特色社会主义理论与实践研究”课程中分出1学分作为社会实践必修学分,单独考核。纳入实践教学对象的硕士生除了参加课程的理论学习和期末考试外,还必须以项目课题研究的形式,在指导教师的指导下,通过文献搜集、问卷调查、访谈和观察等方式开展社会调查,完成社会实践调研报告。学校鼓励研究生结合所学专业开展志愿服务、科技服务、科研合作等多种形式的实践活动。研究生实践采用集中实践和分散实践两种形式,一般安排在春季学期、夏季短学期或暑期进行。研究生院负责实践总体统筹,马克思主义学院负责实践教学方案的制订和实施,校团委负责短学期、暑期学生实践教学的组织实施。硕士生既可以参加马克思主义学院和思政课教师组织的暑期马克思主义专题实践教学活动,也可以参加校团委、学生处和各学院组织的社会实践活动。实践教学

① 《中共中央宣传部、教育部关于高等学校研究生思想政治理论课课程设置调整的意见》(2010年8月6日),教育部思想政治工作司:《加强和改进大学生思想政治教育重要文献选编(1978—2014)》,知识产权出版社2015年版,第416～418页。

② 《研究生思政理论课程将调整》,《厦门大学报》2010年11月19日,第1版。

成绩分为“合格”和“不合格”两级，实践教学活动由带班思政课教师负责考核和登记成绩，社会实践活动由各学院负责考核和登记成绩。学生如有特殊情况无法参加社会实践活动的，应参照学校有关课程免修的规定办理相关手续，并报经研究生院同意。

2015 年 9 月，福建省教育厅还在我校马克思主义学院设立了福建省高校“中国马克思主义与当代”课程教研中心，通过精选研究和讲授专题、专家师资共享、建立定期交流机制等，推动博士生思政课程建设。2018 年 9 月 21—22 日，学院承办了福建省高校研究生思想政治理论课骨干教师专题培训班，来自福建省内 11 所高校的 30 多位研究生思政课骨干教师参加了培训，并围绕“研究生思政课教学改革和质量提升”这一主题展开研讨交流。

2020 年 11 月，根据教育部的通知精神，学校要求马克思主义学院应进一步完善研究生现有思政课程的教学管理，突出教学重点，充实教学内容。承担“中国马克思主义与当代”“中国特色社会主义理论与实践”课程的教师在授课内容中应当增加习近平新时代中国特色社会主义思想和“四史”教育的课时安排，密切关注理论研究最新动态，及时反映学术研究最新成果，结合我国改革开放的丰富实践，将习近平新时代中国特色社会主义思想和“四史”教育内容讲明白、讲深入、讲透彻。

第三节　教学方法改革的探索与实践

一、实行民主鉴定评分法

1949 年 12 月，教育部副部长钱俊瑞在第一次全国教育工作会议上明确指出：政治思想教育中，要把理论学习作为改造思想的武器，改造思想作为理论学习的直接目的；要发扬自由思考，善于民主启发和正确运用批评与自我批评。[①]

---

① 钱俊瑞：《在第一次全国教育工作会议上的总结报告》，教育部社会科学司：《普通高校思想政治理论课文献选编》(1949—2006)，中国人民大学出版社 2007 年第 2 版，第 4 页。

厦门大学大课教学工作委员会中心工作组认为，学生学习政治课不但要精通理论，而且要认真改造思想，积极工作，在实践行动上有进步的表现。[①] 为了让学生的政治学习能够密切联系实际，积极改造思想并贯彻到行动中去，学校在1950—1951学年度第二学期的政治课期终考核成绩评定中实行全国首创的"民主鉴定"评分法。[②]

依照大课教学工作委员会公布的《政治课民主鉴定实施办法》，民主鉴定以学习小组为基本单位，运用批评和自我批评这一武器，采取自报公议的方式，围绕学习、思想、工作和作风问题等四项内容进行评定。首先班教员列席指导小组进行初评并在系阅览室放榜公布，广泛征求同学意见；然后召开班教员与小组长联席会议，对有异议的初评结果进行大组复评；最后经过班教员和小组长及班教员联席会议研究调整，再榜定案，作为最后成绩公布。在政治课成绩计算中民主鉴定所占比重暂定为占总成绩的30%，学生期中考试、期末考试和平时成绩占总成绩的70%。[③]

课程考试一般要求既能测验学生对本课程基本理论知识的理解程度，又能测验学生运用理论分析说明实际问题的能力。民主鉴定旨在避免有的学生平时思想行为表现不好却因善于考试而得到高分，有的学生平时思想行为表现较好且学习态度端正却因不善于考试而得到低分，强调受教育者要达到"言行一致"目标，即理论学习和平时表现相一致。不过，这一评分方式程序烦琐，费时费力，第一次推行时仅小组初评工作全校就整整进行了两天，还不包括后期的大组复评和再榜定案等工作，且评定结果也不科学，实际上混淆了课程成绩和现实表现二者的关系。[④] 1956年8月，高等教育部认为这种结合学生的平时思想行为、道德品质和学习态度的实际表现来评分"是不恰当的"，"要求政治理论课解决学生的一切具体思想问题，而不考虑学校政治工作的配合，这种要求是不切实际的"，

① 大课中心工作组：《我们将怎样进行民主鉴定》，《新厦大》1951年7月1日，第3版。

② 大课中心工作组：《我们怎样进行民主鉴定——大课民主鉴定工作总结》，《新厦大》1951年8月10日，第4版。

③ 大课中心工作组：《政治课民主鉴定实施办法》，《新厦大》1951年8月10日，第4版。

④ 大课中心工作组：《我们怎样进行民主鉴定——大课民主鉴定工作总结》，《新厦大》1951年8月10日，第4版。

学生的思想意识和作风问题应在学校的政治工作中加以解决。[①] 何况，学生平时的思想行为、道德品质和学习态度也很难用分数来表示。

二、推行“单科独进”教学改革

1958 年 11 月，厦门大学印发《党委关于进一步开展教育改革的布置》，要求在保证质量的前提下，课程门数应适当地合并精简，重复、陈旧落后、脱离实际、不切合专业需要的内容应大力删除，基础知识和生产中重要知识应加深加固。各门课程的教学时间可适当集中，以便与生产劳动相结合和采取鸣放辩论的教学方式。[②] 这种在一段时间内集中组织开展单一课程教学的方式即“单科（课）独进”教学方式，而按照学期课程进度每周逐节推进的教学方式则称为“细水长流”式。

1959 年下半年，随着教育革命热潮的深入推动，学校决定在文财科的政治课中推行“单科独进”教学改革。按照 4 门政治课的先后顺序，在四年内分别集中每一学年的一段时间修完一门。政治课“单科独进”时，除外语、体育课可兼顾外，其他业务课暂时停开。集中上课时间为“哲学”10 周，“政治经济学”8 周，“社会主义”和“中共党史”各 6 周，每周上课 4 天，每天以 9 小时计。理科则仍采细水长流式教学。[③]

对于“单科独进”教学改革的成效，当时持肯定态度的人颇多。首先，学习系统。高度集中地进行教学，便于学生系统掌握知识，提高教学质量。采用“细水长流”的传统教学方式，每门课程在一周内上课的时数相当有限，教学过程比较零散，学生学习思路经常被打断，不利于深入钻研。采用“单科独进”教学方式，学生可以集中精力学习课程，确保教学系统化、复习全面化、讨论深刻化，教学更有效率。据介绍，经济系学生采用“单科独进”教学方式后，完全消灭了考试不及

---

① 高等教育部：《关于高等学校政治理论课考试评分问题的意见》（1956 年 8 月 20 日），何东昌主编：《中华人民共和国重要教育文献（1949 年—1997 年）》，海南出版社 1998 年版，第 673～674 页。

② 《党委关于进一步开展教育改革的布置》，《新厦大》1958 年 11 月 13 日，第 1 版。

③ 《政治课教学改革方案草稿》，厦门大学档案馆藏，厦大教务档 59－20。

格现象,“中共党史”考试成绩优良占80%以上,“政治经济学”考试成绩优良占96%。其次,由于思想集中时间集中,讨论的问题也容易集中。学生可以充分运用所学理论,深入联系个人的思想实际,集中精力批判解决各种错误思想。再次,在一段时间内只上一门课,完全可以根据每门课程的具体特点,更好地组织安排教学活动,包括现场教学等。最后,讲授、自学、看参考书、讨论“一气呵成”,“乘热打铁”,因而易于巩固、提高,效果好。[①] 马列室政治课教师曾就此进行专门讨论。有人认为理科应该实行“细水长流”教学方式,“单科独进”不利于日常的思想改造;文科学生的专业课程本身就负有改造世界观的任务,“单科独进”不影响其日常思想改造,还“可以给同学理论武器,有利学术批判”。也有人提出,单科独进的最大缺点是不能很好结合形势和同学思想问题进行教育,“开学初暴风骤雨,过后无风无雨,不利思想改造”。[②]

应当说,“单科独进”的突击教学并不符合教育规律,是“大跃进”的时代产物,这样的教学方式改革自然缺乏生命力。

三、开展“挂牌上课”教改试验

为提高教师教学水平和课堂教学效果,1999年厦门大学在全校性公共基础课(包括思政课)和文化素质教育课程中实行“挂牌上课”教学改革,即同一门课程如果有两个或两个以上重复班的,应当安排同时开课,由学生自愿选择主讲教师。如选报某一主讲教师的人数过多,可由该主讲教师增开一个重复班。如选报人数不足正常班50%的则不予开课。同一门课程只开设一个班的,由两名或两名以上主讲教师挂牌,接受学生报名,选择报名人数多的教师担任该班课程主讲。教务处在每学期开学时,给每位学生发放一份选课单。开学后的第一、二周,学生在同一时间段内可以自由出入“挂牌上课”教师的教室试听,从中选择自己喜欢的教师,申请编入该教师任课的班级参加学习。期末,学校根据学生选课

---

① 陈德荣:《单课独进 整风式教学效果显著》,《新厦大》1960年4月20日,第1版。叶品樵:《单科独进教学方式的优越性越来越显著》,《新厦大》1960年6月4日,第2版。

② 志强:《马列主义教研室开展教改大辩论》,《新厦大》1960年6月11日,第1、2版。

人数、学生对任课教师的测评分数、教务处督导队的听课测评和同行专家的听课测评四个指标，评定本学期教学效果特别优秀或优秀的主讲教师，并在授课学期按月补贴500元或300元。[①] 修读的学生数达不到规定人数或者班级数较少，任课教师无法开课，进而可能出现教学工作量不足，在年度考核中将不能聘任或不能全聘。

图3-10 “挂牌上课”试讲现场

“挂牌上课”的初衷是通过在教学领域引入竞争机制，充分调动教师的积极性，不断改进教学内容和教学方法，增强“两课”的吸引力和感染力，这一目标部分得以实现，“两课”的教学质量有了一定提高。但在推行过程中存在的诸多不规范之处，也产生了一系列弊端：试听期间学生流动性大，不利于教学秩序的稳定；有的学生选课动机不纯，不是选择授课效果最好的而是选择最容易过关的；有的教师为了“吸引”更多学生，或违规向学生许诺，或不敢严格管理课堂秩序，甚至过度渲染趣味性，背离教学目标；教学过程管理成本高；教师思想准备不足，选课人数多的教师不愿意多开重复班，学生只好被调整到参考志愿班级上课，弱化了推行“挂牌上课”制度的初衷；选课人数少的教师影响到教学工作量的完成，

① 《我校出台教学改革新举措》，《厦门大学报》1999年6月21日，第1版。

压力大，情绪更大。虽经教务处采取补救措施，如选课试听时间从开学初调整到上一学期末，由马列部统一组织任课教师轮流试讲、学生试听，避免私下许诺等不正当竞争，组织教学督导员加强课堂教学检查，实行同一课程统一命题、统一阅卷，避免人为“放水”以及改进教师评价方法等，①但因制度设计的漏洞和缺乏配套措施，至 2001 年，该试验悄然收场。

四、试行“长短课程”教学改革

为增强“两课”教育教学的时代感和理论课教学的针对性、实效性，切实提高大学生的人文综合素质，马列部从 2002—2003 学年第二学期开始推行“长短课程”教学改革。“长”课程指教育部规定开设的“两课”课程，属于必修课；“短”课程是围绕“两课”教学基本要求而设计的专题选修课。每学期用 2/3 的课时上长课程，用余下 1/3 课时讲授短课程。学生在修完规定的长课程学习外，必须选修 1～2 门的短课程。“长”课程教学着重讲授“两课”的基本理论、基本原理和基本方法，对各门课程教学内容相互重复的部分，确定由其中一门重点讲授，其他课程略讲、不讲或安排学生自学，以便节省上课时间，增强上课效果。短课程力求体现时代性和实用性，任课教师结合自己的研究领域，选择学生关注的焦点、热点和难点问题，进行论述深刻、分析精辟的专题教学。②

马列部是继人文学院和化学化工学院之后进行“长短课程”教学改革的试点单位。“长短课程”教学改革并不是简单压缩“两课”的总学时，而是强化以学生为主体的理念，贯彻“学马列要精、要管用”的原则，虽压缩课堂讲授时数，但采用启发式教学把课程重点讲深讲透，把课堂的 45 分钟上成“精彩一课”。教师不仅要精心选择课堂教学的内容，在改进教学方法和教学手段上下功夫，而且要指导学生讨论、自学、参观和调研。在两轮短课程教学改革中，马列部全体教师开设 56 门短课程供学生选修，丰富了教学内容，扩大了学生选课的范围，同时打破了

① 张爱华：《“两课”教学“挂牌上岗”教改试验分析》，《高校理论战线》2001 年第 6 期。

② 房太伟：《马列部大力推进长短课程教学改革　把十六大精神贯彻到“两课”教学中》，《厦门大学报》2002 年 11 月 29 日，第 1 版。

学科、专业的限制，有利于拓宽学生知识结构。

五、探索"三位一体"教学模式改革

2014年，马克思主义学院成立思想政治理论课教学改革研究中心，开始探索在本科生思政课中实施教学模式改革，切实增强思政课教学的针对性和吸引力。2015年，学校成立思想政治理论课实践教学领导小组，下设实践教学中心，负责推进思政课实践教学改革，实现第一课堂与第二课堂相互连接。

2014—2015学年第二学期，"毛泽东思想和中国特色社会主义理论体系概论"课率先进行专题教学改革试点。教师组成教学团队，围绕教材重点难点问题将教学内容整合成若干个专题，然后分头准备，在课堂专题教学中进行深度讲解和启发引导。同时，"毛泽东思想和中国特色社会主义理论体系概论"和"中国近现代史纲要"课程还启用了网络教学平台，引导并督促学生充分利用网络教学资源开展自主学习。实践教学则在总结往年组织开展经验基础上，注重从广度和深度上加以拓展完善，强化课题调研的主导作用，加大教学经费和师资力量投入，组织学生参加第三学期(短学期)和暑期实践教学活动，推进实践教学与社会服务的深入对接和紧密融合。

"三位一体"教学模式是集"课堂专题教学＋课下网络教学＋课外实践教学"于一体的、具有整体性和系统性的立体化教学模式。专题教学是核心，网络教学是补充，实践教学是深化。学生的最终成绩由课堂教学50％、网络教学20％、实践教学30％构成。

专题教学坚持以问题为导向，强化问题意识。每门思政课均紧扣教材的重点难点，对接学生关注的热点焦点，设计突出理论性和针对性的若干专题。学院教研部根据师资情况安排2～3支并行的教学团队，每位教师承担1～2个本人"拿手"的专题并在本教学团队负责授课的各班级间进行集中巡讲。教研部强化课前集体备课制度，避免内容重复或重点缺失。通过精讲专题，课堂教学把道理讲深讲透，以理服人，以情感人，同时可以充分发挥任课教师自身科研对教学的支撑作用，克服科研与教学两张皮现象，确保教学内容"专、深、新"。

网络教学充分运用现代新技术手段，引导学生开展自主性、探索性学习，改变灌输式教学方式。网络教学平台上载了丰富的教学资源,包括课程介绍、教学大纲、教师课件、教学日历、课程通知、研究成果、视频资料等,学生可以随时随地进行学习,确保学生课程学习的系统性和持续深化。教师督促学生按照课程各个章节知识点进行学习并完成课后作业,对学生的问题有问必答、"一网答尽",及时掌握学生最新的思想动态,了解学生对课堂专题教学的反馈意见,进一步巩固课堂专题教学的效果。

实践教学把思政小课堂同社会大课堂结合起来,是实现思政课教育由知识体系向信仰体系转化的重要环节。学院在思政课教学计划中专门划出实践教学学分,学生根据课程调研课题指南或者结合与课程相关的现实问题及社会热点来设计调研课题,自由组合成立实践调研小组,在教师的指导下利用课余时间开展调研,撰写调研报告并在课堂上展示调研成果,交流心得体会。有延展性的调研项目,作为重点加以培育,可延伸到寒暑假。实践教学重在强化认同教育,实现了第一课堂与第二课堂的有效衔接,在实践调查中了解国情,筑起理论与实践相结合的"同心圆",着力解决高校思政课教育目标实现的"最后一公里"问题。

"课堂教学+网络教学+实践教学""三位一体"教学模式强调教学环节的整体性和系统性,课堂教学、网络教学和实践教学环环相扣、协同发力、共同推进,摒弃了以往照本宣科的注入式授课方式,采用启发式、探究式教学方式,密切了师生关系,增强了思政课的思想性、理论性和亲和力、针对性。在试点取得经验的基础上后,4门本科思政课在2015—2016学年度第一学期开始全面实行"三位一体"教学模式。2017年春季学期,在学院进行的网络问卷调查中,学生对教师课前准备和课堂表现的满意度分别达到95.18%和95.36%;认为思政课老师爱岗敬业的达97.88%;对专题教学、网络教学和实践教学认可度分别为90.64%、84.32%和88.44%。[①]

"三位一体"教学模式改革推动了教学、科研和社会服务的有效结合。4门本科思政课程均已获准校级网络示范课和省级精品在线开放课程立项。2016年"专题式教学设计与实践"获批教育部高校示范马院和优秀教学科研团队重点建设项目。实践教学为教师和学生从事科研和社会服务提供了大量第一手资

---

① 徐进功:《思想政治理论课"三位一体"教学改革的实践探索》,《学校党建与思想教育》2019年第7期。

料，孵化出全国“挑战杯”大学生课外学术科技作品竞赛特等奖等多项大奖。学院利用实践调研成果，组织出版了多部系列丛书。

“三位一体”教学模式改革实践得到了中宣部、教育部和福建省委宣传部、省委教育工委、省教育厅的肯定，也获得高校同行的广泛认可和媒体关注。2015年11月教育部网站先后以“厦门大学：地方领导来当思政课老师”[①]和“厦门大学着力加强马克思主义学院建设”[②]为题，介绍了我校思政课“课堂教学＋网络教学＋实践教学”的教学模式；新华社报道了我校思政课拿出专门学分作为实践学分，要求所有学生参加社会实践的工作内容。[③]《光明日报》也报道了我校“问题导向式专题教学”，思政课让学生上得过瘾的情况。[④] 2017年“三位一体”教学模式改革获厦门大学教学成果特等奖和福建省第八届高等教育教学成果二等奖。2020年12月，肖斌副教授被共青团福建省委授予2020年福建省大中专学生志愿者暑期“三下乡”社会实践活动优秀工作者荣誉称号。

---

① 《厦门大学：地方领导来当思政课“老师”》(2015年11月10日)，中华人民共和国教育部政府门户网站 http://www.moe.gov.cn/s78/A13/s3097/ztzl_szkjs/201511/t20151110_218430.html.

② 《厦门大学着力加强马克思主义学院建设》(2015年11月17日)，中华人民共和国教育部政府门户网站 http://www.moe.gov.cn/jyb_xwfb/s6192/s133/s193/201511/t20151117_219502.html.

③ 《风起扬帆正当时——党的十八大以来加强高校思想政治工作纪实》(2016年12月7日)，中华人民共和国教育部政府门户网站 http://www.moe.gov.cn/jyb_xwfb/s5147/201612/t20161208_291246.html.

④ 《厦门大学“问题导向式专题教学”思政课让学生上得过瘾》，《光明日报》2017年5月9日，第4版。

第四节 教学成果

一、教材建设

教材建设是整个教学工作的基础，为教学活动提供基本依据和遵循。思想政治理论课教材不仅要具有科学性、权威性和严肃性，而且要凸显时代性、前沿性和创新性，充分反映马克思主义中国化的最新成果和中国特色社会主义建设事业的最新经验。

新中国成立初期，政治理论课没有现成的教材可用，教师主要依据部颁的教学大纲自编讲稿，哲学、政治经济学和马列主义基础课程在教学中则主要采用苏联教材。据统计，1953年上半年，厦门大学有21门课直接使用苏联教材，占全校课程总数的9％；以苏联教材为基础编写讲稿或编成系统教材的共174门，占课程总数的78％。① 我校在1950年开设的“政治经济学”课，使用的基本参考书就是苏联里昂捷也夫所著《政治经济学教程》。1952年10月教育部推荐的“政治经济学”课程参考书目即奥斯特罗维强洛夫的《政治经济学讲授提纲》。② “马列主义基础”的必读参考书是苏联联共(布)中央特设委员会编写的《联共(布)党史简明教程》。1959年9月，我校四年级学生“哲学”课使用的教材是中国人民大学出版社组织翻译的由苏联科学院哲学研究所集体编写的《马克思主义哲学原理》，该书原本是供苏联大学生和自学者使用的教材。尽管缺少国内自编教材，但政治课教师十分重视讲稿的编写工作，力求多看必读资料和部分参考书，并根据部颁教学大纲，写出适合一般同学水平要求的讲稿。教研组内部发挥集体力量开展相

① 朱红：《学习苏联先进教学经验 厦大教学工作推进了一大步》，《厦门日报》1953年11月11日，第1版。

② 《教育部关于全国高等学校马克思列宁主义、毛泽东思想课程的指示》(1952年10月7日)，周远清：《20世纪的中国高等教育·教学卷(下)》，高等教育出版社2006年版，第281～282页。

互审稿工作，加强讲稿的思想性、科学性、系统性，为讲课做好充分准备。[①]

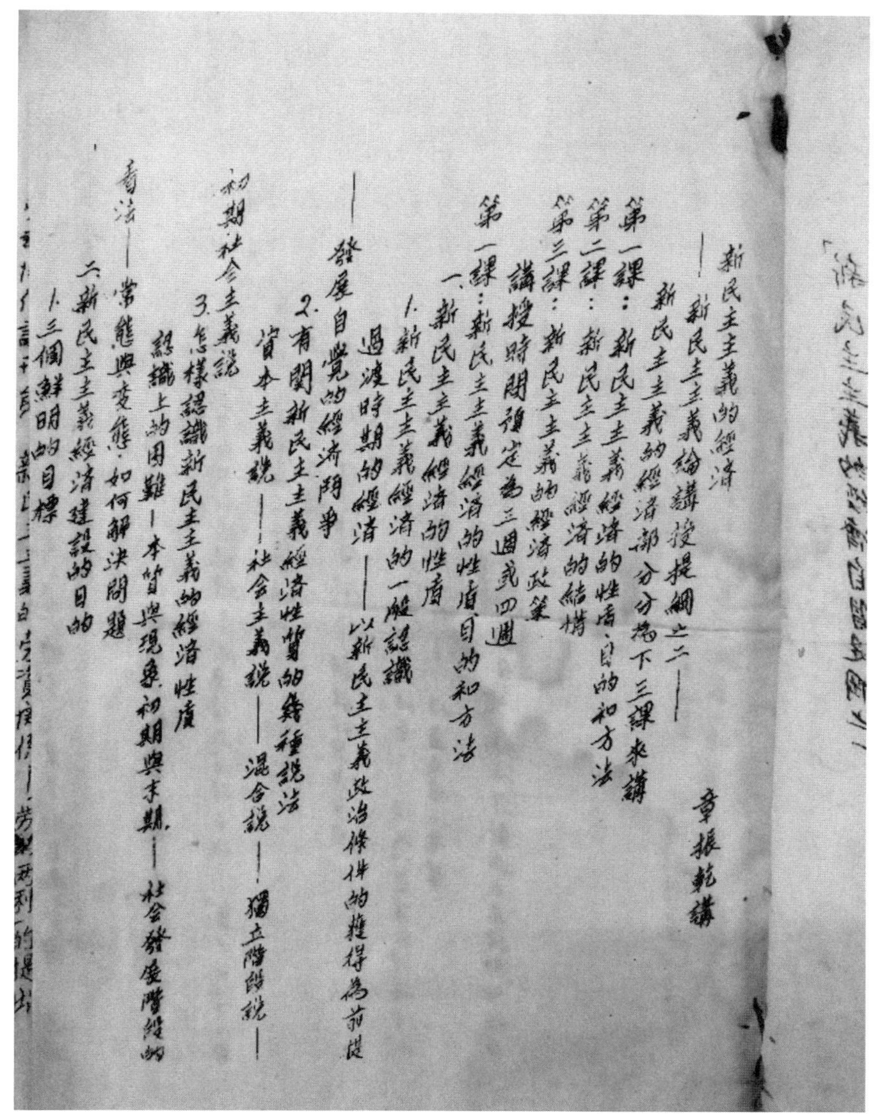
新民主主義的經濟
——新民主主義論講授提綱之二——　章振乾講
新民主主義的經濟部分分為下三課來講
第一課：新民主主義經濟的性質、目的和方法
第二課：新民主主義經濟的結構
第三課：新民主主義的經濟政策
講授時間預定為三週或四週
第一課：新民主主義經濟的性質、目的和方法
一、新民主主義經濟的性質
1.新民主主義經濟的一般認識
過渡時期的經濟——以新民主主義政治條件的獲得為前提
2.有關新民主主義經濟性質的幾種說法
資本主義說——社會主義說——混合說——獨立階段說——
發展自覺的經濟鬥爭
——
初期社會主義說
3.怎樣認識新民主主義的經濟性質
認識上的困難——本質與現象，初期與末期——社會發展階段的
看法——常態與變態，如何解決問題
二、新民主主義經濟建設的目的
1.三個鮮明的目標

图 3-11　“新民主主义论”油印讲义（章振乾讲）

① 陈孔立：《新民主主义论教研组是怎样审稿的》，《新厦大》1953 年 3 月 14 日，第 3 版。

1957 年,学校开设“社会主义思想教育”课后,毛泽东思想成为政治理论课的主要内容,教学多以毛泽东的著作为蓝本。厦门大学 1959 年《政治课教学改革方案草稿》特别强调,在政治课教学中学生一定要学好《毛泽东选集》4 卷和其他重要的毛泽东著作,文科学生还要深入阅读马克思、恩格斯和列宁的重要著作。“改革方案”还提出要抓紧政治课教材的建设工作,“在一、二年内编出中国化的、联系本省实际的四门政治理论课的教科书,首先在 1960 年内编出社会主义教科书,1961 年内编写出中共党史和哲学教科书”。[①] 1960 年 9 月,马列室教师在编撰专题资料《马、恩、列、斯论战争与和平》的基础上,完成《毛泽东同志关于战争与和平的理论的研究》初稿,使科研成为最好的备课。[②]

1961 年,中央教材编选计划会议制定的《改进高等学校共同政治理论课程教学的意见》提出,每门政治理论课程都必须有教科书(或讲义)、经典著作选,由中央教育部在现有教材中推荐一种,供各地高校采用。在教材未出版前的过渡办法是:哲学、政治经济学采用中央宣传部和中央局宣传部编写的教材,中共党史和中国现代革命史可先选读毛泽东同志的有关著作,刘少奇《马克思列宁主义在中国的胜利》《在庆祝中国共产党成立四十周年大会上的讲话》,胡乔木《中国共产党的三十年》等;文科各系的政治学先选读《共产党宣言》《马克思主义的三个来源与三个组成部分》《列宁主义基础》《关于正确处理人民内部矛盾的问题》等著作。“意见”还列出了教材选编计划(草案)和学生阅读书目(草案)。[③]

1962 年 5 月,鉴于高等学校共同政治理论课程教材短期内不能编出的实际情况,教育部指定哲学教科书可用艾思奇主编的《辩证唯物主义与历史唯物主义》;政治经济学教科书可用于光远、苏星主编的《政治经济学》,并可根据专业具体情况适当压缩讲授内容。中共党史仍可按教育部此前通知相关规定执行。政治经济学的社会主义部分,中共党史中有关 1949 年以后的部分,还没有适当的教材。前者可暂时采取专题讲授的办法。后者可以暂时不讲,或者在思想政治教育报告中讲,也可以请各地有关部门的负责同志或本校教师做专题报告。文

---

① 《政治课教学改革方案草稿》,厦门大学档案馆藏,厦大教务档 59—20。

② 《总结国庆献礼科研的成绩与经验》,《新厦大》1960 年 10 月 7 日,第 1 版。

③ 《关于 1961—1962 学年度上学期高等学校共同政治理论课安排的几点意见》(1961 年 7 月 24 日),教育部社会科学司:《普通高校思想政治理论课文献选编(1949—2006)》,中国人民大学出版社 2007 年第 2 版,第 40~45 页。

科各系的政治学，在教科书出版以前，一般可以暂缓开设。有条件有准备的学校，也可以试开。[①]

根据中央高等、中等学校政治理论课座谈会精神，对照检查我校政治理论课教学中存在的问题，1964 年 6 月，政治课各教研组讨论和制订了新学年政治理论课改革方案。"哲学"课主要以毛泽东《改造我们的学习》《实践论》《矛盾论》《反对本本主义》《人的正确思想从哪里来》等为必读教材，艾思奇主编的教科书列为选读参考书。"中共党史"课主要以毛泽东的《中国社会各阶级的分析》《湖南农民运动考察报告》《中国的红色政权为什么能够存在》《论联合政府》《关于正确处理人民内部矛盾问题》，以及《关于若干历史问题的决议》等为教材。

1978 年 4 月，针对很多高校四门政治理论课没有教学大纲和讲义，或少数学校虽有讲义但其中有"四人帮"的流毒和影响，还有大量理论上政治上的疑难问题尚待解决。教育部在全国教育工作会议上提出，有必要迅速集中全国水平较高的教师，在中央有关理论部门的领导下，组织编写全国统一教材。在统一教材编出之前，先编出统一的教学大纲，并且从目前高校准备使用的许多种讲义中，推荐一些较好的以应急需。[②] 1980 年教育部规定，各门政治理论课应根据教育部制订的教学大纲进行教学；各校可选用教育部推荐的教材，亦可根据教育部制订的教学大纲自编教材。[③]

1988 年 4 月，国家教委规定，高校马克思主义理论课的全国通用教材，仅限国家教委直接组织编写、审定的教材和由国家教委向全国推荐使用的教材。其他有关教材原则上均作为各地教材、校内教材或校际交流教材使用。高等学校编写的讲义、教程，经学校领导批准，可注明"校内教材"，在本校印发使用和在校

---

① 《关于高等学校共同政治理论课教学安排的几点意见》（1962 年 5 月 26 日），教育部社会科学司：《普通高校思想政治理论课文献选编（1949—2006）》，中国人民大学出版社 2007 年第 2 版，第 46～47 页。

② 教育部办公厅：《关于加强高等学校马列主义理论教育的意见——全国教育工作会议征求意见稿》（1978 年 4 月），教育部社会科学司：《普通高校思想政治理论课文献选编（1949—2006）》，中国人民大学出版社 2007 年第 2 版，第 72 页。

③ 教育部：《改进和加强高等学校马列主义课的试行办法》（1980 年 7 月 7 日），教育部社会科学司：《普通高校思想政治理论课文献选编（1949—2006）》，中国人民大学出版社 2007 年第 2 版，第 87 页。

际交流中选用。[①]

为进一步提高教学质量和完善“两课”理论体系，我校政治课教师深入钻研，求精求实，积极编写教材，力求更加科学、系统地阐明马克思主义基本理论。20世纪80—90年代，马列部曾组织力量编撰出版了各门政治理论课的讲义、教材以供学生使用。1998年6月，中宣部、教育部提出将组织编写各门课程的示范教材，有条件的省每门课程可以编写一本推荐教材，各高校不再自编“两课”教材。[②] 同年底，马列部选派多名教师参加福建省统编教材《邓小平理论概论》《毛泽东思想概论》《思想道德修养》《当代世界经济与政治》的编写工作。

表3-1　马列部教师主编或编著的校编教材

书名	责任者	出版社	出版时间
中国革命史	黄志仁主编	厦门大学出版社	1987年
中国革命史新编	黄志仁主编	厦门大学出版社	1989年
马克思主义原理	黄九如等主编	鹭江出版社	1989年
大学生成才修养	陈奕练编著	厦门大学出版社	1989年
现代社会思潮评析	陈铁民、陈嘉明主编	厦门大学出版社	1992年
新编法学基础	陈奕练主编	鹭江出版社	1992年
中国革命史纲	黄志仁主编	中国工人出版社	1994年
大学法律基础(修订本)	陈奕练主编	厦门大学出版社	1995年
现代资本主义经济	苏劲、崔之一编著	黑龙江人民出版社	1996年
中国社会主义建设	苏劲主编	黑龙江人民出版社	1997年

---

① 《国家教育委员会印发〈关于编写出版普通高等学校马克思主义理论课(公共课)教材的暂行管理办法〉的通知》(1988年4月15日)，教育部思想政治工作司:《加强和改进大学生思想政治教育重要文献选编(1978—2014)》，知识产权出版社2015年版，第89页。

② 中宣部、教育部《关于普通高等学校“两课”课程设置的规定及其实施工作的意见》(1998年6月10日)，教育部社会科学司:《普通高校思想政治理论课文献选编(1949—2006)》，中国人民大学出版社2007年第2版，第185页。

续表

书名	责任者	出版社	出版时间
政治经济学教程(资本主义部分)	杨晨编著	厦门大学出版社	1997 年
哲学基本原理	徐朝旭　陈宣明编著	福建教育出版社	1997 年
思想道德修养	辛明兴主编	厦门大学出版社	1997 年
法律概论	辛明兴主编	厦门大学出版社	1998 年
军事训练教程	吴温暖主编	厦门大学出版社	1999 年
军事理论教程	吴温暖主编	厦门大学出版社	2000 年
科学社会主义的理论与实践教程	何其颖主编	福建人民出版社	2000 年
科学社会主义的理论与实践	何其颖主编	厦门大学出版社	2003 年

表 3-2　马列部教师作为主编、副主编参编或编著的省编教材与示范教材

书名	责任者	出版社	出版时间
马克思主义政治经济学原理	赵志清、苏劲主编	福建教育出版社	1999 年
思想道德修养	王豪杰主编	厦门大学出版社	1999 年
邓小平理论概论	副主编苏劲	福建人民出版社	2000 年
马克思主义哲学原理	张爱华编著	厦门大学出版社	2002 年
军事训练教程	匡壁民、吴温暖主编	高等教育出版社	2002 年
军事理论教程	吴温暖、匡壁民主编	高等教育出版社	2002 年

2006 年 1 月，高等学校思政课教材编写纳入马克思主义理论研究和建设工程，中宣部、教育部联合成立高校思想政治理论课教材编审委员会，组建教学大纲和教材编写组，统一编写教学大纲和教材。为确保高校思政课教材的科学性、权威性和严肃性，未经中宣部、教育部、新闻出版总署批准，任何部门、单位和个

人不得再自行组织编写、出版发行各种名义的高校思想政治理论课教材。[①] 厦门大学从2006年级本科生开始实施新的课程设置方案，“马克思主义基本原理概论”“毛泽东思想、邓小平理论和‘三个代表’重要思想概论”“中国近现代史纲要”“思想道德修养与法律基础”课均使用中宣部、教育部组织编写的、由高等教育出版社出版的“马克思主义理论研究和建设工程重点教材”。

2016年9月以来，学院青年教师肖斌副教授曾先后应邀参加马克思主义理论研究和建设工程统编教材《中国特色社会主义政治经济学读本》和《马克思主义政治经济学概论（第二版）》的编写工作。其中，《马克思主义政治经济学概论（第二版）》一书已由人民出版社和高等教育出版社于2021年4月出版。

二、思想政治理论课教学改革成果

马克思主义学院成立以来，思想政治理论课教学改革成果丰硕。截至2020年12月，除“马克思主义基本原理概论”“毛泽东思想和中国特色社会主义理论体系概论”“中国近现代史纲要”“思想道德修养与法律基础”4门本科思政课均为福建省高校精品在线开放课程、9个专题入选首批福建省高校“讲好中国故事·上好思政课程”教育教学改革精品项目外，学院还获省部级以上教学课题立项10余项；获得多项省部级教学奖；发表思政课教育教学论文有69篇。

（一）思想政治理论课“三位一体”教学模式改革创新（2017年福建省教学成果二等奖）

2016年3月，中共福建省委教育工委《关于学习贯彻全国高校思想政治理论课建设工作会议精神的通知》提出，要“学习借鉴厦门大学实施‘三位一体’综合改革创新工程推动马克思主义学院跨越发展的经验做法，扎实推进高校思想

① 中宣部、教育部、新闻出版总署：《关于加强高校思想政治理论课教材出版管理的通知》（2006年1月27日），教育部社会科学司：《普通高校思想政治理论课文献选编（1949—2006）》，中国人民大学出版社2007年第2版，第222页。

政治理论课综合改革创新，切实办好高校思想政治理论课，努力把思想政治理论课建设成为大学生真心喜爱、终身受益的课程”。[①] 文件同时还详细介绍了我校马克思主义学院的建设经验，包括深化“三位一体”教学模式改革。

“三位一体”教学模式集“课堂专题教学＋课下网络教学＋课外实践教学”于一体，突出问题导向，鼓励学生开展自主性、探索性学习，实现思政课教学从知识体系向信仰体系转变，从理论认同向政治认同转化。这种教学模式本着向课堂要质量，向网络要阵地，向实践要信仰的教学目标，以课堂专题教学为核心，改泛泛而谈为深入精讲，取得了“真懂”的效果；以课下网络教学为前提，变被动接受为主动探索，取得了“真学”的效果；以课外实践教学为深化，化理论认知为政治认同，取得了“真信”的效果；形成了各教学环节层层相扣、协同相长的教学模式，取得了“真用”的效果，从整体上实现了教学的良性循环：建立“网络＋课堂＋实践”的“三位一体”教学体系，构建“课前＋课上＋课下”的“三位一体”互动空间，打造“教学＋科研＋服务”的“三位一体”工作平台，以及营造“学习＋思考＋践行”的“三位一体”学习氛围。

“课堂教学＋网络教学＋实践教学”“三位一体”教学体系和教学模式不断改进和优化，专题教学持续开展的“校内外专家进思政课堂”已邀请350余人次的名师、名家和地方领导干部进课堂，讲授专题770余场次。2012年至今，共有5.4万余名学生参加了实践教学活动，调研行程横跨全国31个省（自治区、直辖市）160多个县（市、区）；在全国各地设立实践教学调研基地近20个，调研点达160多个。67篇调研成果作为资政报告提交给中央农村工作领导小组办公室、全国政协办公厅、国务院扶贫办、国家林业局、民政部基层政权和社区建设司、福建省委和省政府办公厅等机构，其中获得各级领导批示和有关部门采纳的资政报告30余篇。实践教学成果中有3项荣获“挑战杯”全国大学生课外学术科技作品竞赛奖励，分别是2015年贺东航教授指导的《土地流转、农民权益与新型经营主体：在流转中实现共赢——河南鄢陵模式探析》（负责人：经济学院2012级本科生蔡佳楠等）获第十四届“挑战杯”全国大学生课外学术科技作品竞赛特等奖；2017年贺东航教授、吴文琦副教授指导的《“新乡贤”与乡村治理能力的提

---

① 马克思主义学院：《我校马克思主义学院创新工程经验在全省高校推广》，https://news.xmu.edu.cn/info/ 1003/14726.htm。

升——湖北省恩施州“村医村教进两委”基层体制改革调查》(负责人:公共事务学院2015级本科生田子耕)获得第十五届“挑战杯”全国大学生课外学术科技作品竞赛二等奖;叶兴建副教授指导的《两权抵押与多户联保:在风险控制中推进普惠金融——福建省宁德市金融扶贫调查》(负责人:经济学院2014级本科生陈静静)获得第十五届“挑战杯”全国大学生课外学术科技作品竞赛三等奖。这三项实践成果还分别获得第十二届、第十三届福建省大学生课外学术科技作品竞赛特等奖。以实践教学孵化形成的“农民之子”学生社团,2015年12月被团中央等部门评选为“全国百佳大学生理论学习社团”,贺东航教授指导社团成员杨洁撰写的《中国梦的实现路径——以赤溪村为例》的调研报告被评为“全国百篇大学生优秀理论成果文章”。

(二)“思想道德修养与法律基础”课程建设与学生创新能力培养(2014年福建省教学成果二等奖)

将学生创新能力的培养有机地融入教学的全过程,拓展“思想道德修养与法律基础”课程的功能;以精品课建设和精彩教案为依托,有效整合教学资源,将教材体系转化为教学体系,构建以互动性的课堂教学为主体,以“专题研究”和“社会实践活动”为辅助的“一主两辅”的新型教学模式;建设涵盖教学大纲、授课教案、多媒体课件、教学录像、思考题、参考文献、实践资源和在线辅导等内容的教学体系;以“专题研究”教学法和“社会实践活动”教学法为核心内容的教学方法创新,为课程建设和学科建设提供了良好的支撑;以侧重考查学生创新能力、理论分析和解决问题的能力为考核评价方式。

“专题研究”教学法将教师的课堂讲授、答疑解惑、评点引导、总结提炼,与学生围绕专题读书自学、查阅相关文献、掌握基本理论和开展实际调查研究等结合起来,引导学生进行自主性、创造性学习,以深化学生对理论知识和实践问题的理解和认识,提高理论水平和政治素养,提高获取知识、创新思维、口头表达和科研能力,促进团队合作精神与创新能力的提升。“社会实践活动”教学法根据课程教学安排,采用社会调查、情景剧创演以及公益活动等多种实践形式,营造活跃的创新氛围,让全体学生主动参与其中,进行策划、准备、组织和实施,在学习与研究相结合、理论与实践相统一的过程中,实现思想政治素质提高和创新能力的提升。

“一主两辅”的新型教学模式在省内高校乃至全国高校思想政治理论课中皆属首创。“思想道德修养与法律基础精彩教案”丰富了课程的教学理论体系，创设了一种将教材体系与教学体系有机结合的范式。以省精品课程和“精彩教案”为依托，通过网络展示、教学研究论文的发表、教学研讨会的召开、示范课的主讲、教案的出版，以及学科带头人和青年教师的培养等途径，已经在我校、全省推广，产生示范性影响。

（三）问题导向式的博士生思政课教学改革综合创新研究（厦门大学教学成果一等奖）

问题导向式的博士生思政课教学改革综合创新，即理念上改变重知识轻认同的倾向，内容上改变重体系轻问题的倾向，模式上改变重灌输轻互动的倾向。

问题导向是实现教学理念转变的关键。教育理念从注重体系建构到强调问题意识；从注重知识传授到强调理想信念的认同；从注重外在的强制性灌输到强调自发的价值生成；从注重学生的接受性到强调学生自主性能动性的发挥。

寻找到好的问题是问题导向式的教学内容改革之关键。“好的问题”是大多数学生真正关切的问题，是聚焦社会热点和研究前沿的问题，是与当代中国和世界变化紧密相关的问题，也是不脱离教学大纲内容的问题。对这些问题要给出具有说理力的解答，就要体现学术性和政治性、理论性和现实性的内在结合。

师生关系的调整是问题导向式的教学模式改革创新的重点。不把学生看作知识灌输的客体和对象，而是把他们看作教学中的具有主动性的互动对象，增强博士生自主性研究性学习、开放性讨论和发散性思考，注重将坚持当代中国马克思主义立场、观点、方法和深入研究重大问题结合起来。

采取“专题性教学＋小组研讨＋博士论坛”的方式，实现从以知识为中心到以问题为中心的转移。“专题性教学”围绕教学大纲内容，以深厚的学术理论研究为基础的多视角选题，强调问题意识；“小组研讨”注重学术性和研究性，强调理论的应用和对当代世界及中国问题的深度分析，在思想观念的碰撞中加深学生对问题的思考；“博士论坛”采取翻转课堂的方式，强调理论的提升和实效性的增强，更具有专业性。摈弃标准化的考核方式，采取写论文的方式，强调理论性、开放性、发散性和创造性。

三、思想政治理论课教学改革成果情况一览

表 3-3　马克思主义学院省部级优秀教学科研团队一览表
（含培育项目）

序号	项目名称	题目	项目负责人
1	2016 年教育部示范优秀教学科研团队建设项目(重点选题)	思政课专题式教学设计与实践	石红梅
2	2016 年教育部示范优秀教学科研团队建设项目(一般选题)	法安天下、德润人心——法治和德治关系的理论与实践研究	罗　文
3	2019 年教育部示范优秀教学科研团队建设项目(重点选题)	“中国近现代史纲要”课教学资源建设研究	佳宏伟
4	2017 年度福建省思想政治理论课教学科研团队择优支持计划(重点选题)	高校思政课教师队伍质量提升研究	张有奎
5	2018 年福建省研究生(博士)导师团队	当代中国马克思主义立德树人创新团队	张艳涛
6	2017 年福建省高校以马克思主义为指导的哲学社会科学学科基础理论研究创新团队培育对象	中国共产党治国理政研究创新团队	贺东航
7		马克思主义制度理论与治理现代化研究创新团队	冯霞
8	2017 年高校思想政治理论课教学名师工作室		张有奎
9	2018 年高校思想政治理论课教学名师工作室		石红梅

表 3-4　马克思主义学院省部级以上教育教学研究项目立项情况一览表（不包括优秀教学科研团队）

序号	项目名称	题目	项目负责人
1	2011 年全国教育科学“十二五”规划课题	高校师生关系的异化研究	赵　颖
2	2014 年教育部高校思想政治理论课教学方法改革项目择优推广计划（培育项目）	思想政治理论课多元一体化教学模式建设研究	石红梅
3	2015 年教育部全国高校优秀中青年思想政治理论课教师择优资助计划	马克思主义基本原理概论	张艳涛
4	2018 年度教育部高校思想政治理论课教学方法改革项目择优推广计划项目	问题导向式专题化教学模式研究 ——以“概论”课为例	罗礼太
5	2012 年福建省教育科学“十二五”规划项目（一般课题）	高校全员实践育人长效机制建设研究	石红梅
6	2014 年福建省高校思想政治理论课教学方法改革项目择优推广计划（入选项目）	思想政治理论课多元一体化教学模式建设研究	石红梅
7	2014 年福建省中青年教师教育科研社科 A 类项目（2014 高等学校教学改革研究专项）	问题导向的课题研究式实践教学改革	石红梅
8	2015 年福建省高校首批思想政治理论课教学改革试点项目	问题导向的课题研究式实践教学改革	石红梅
9	2016 年福建省中青年教师教育科研项目（本科高校教育教学改革研究项目）	问题导向式的博士生思政课教学改革综合创新研究	张有奎
10	2016 年度福建省思想政治工作重点招标课题	深化高校思想政治理论课创新体系研究	徐雅芬

续表

序号	项目名称	题目	项目负责人
11	2017年福建省本科高校教育教学改革研究项目	供给侧视阈下的思想政治理论课教学与在线开放课程融合研究	傅丽芬
12	2017年福建省本科高校教育教学改革研究项目	“全程育人、全方位育人”理念下的思政课专题化教学改革研究	林密
13	《中国正在说》进课程思政委托课题	当代大学生如何养成马克思主义信仰	张有奎

表3-5 马克思主义学院获得省部级以上教学奖项情况一览表

序号	项目名称	获奖等级	完成人
1	2017年全国高校思想政治理论课教学展示	一等奖	佳宏伟
2	2019年首届全国高校思想政治理论课示教学展示活动	二等奖	庄三红
3	2019年首届全国高校思想政治理论课示教学展示活动	二等奖	张艳涛
4	2014年福建省第七届高等教育教学成果奖	二等奖	徐雅芬
5	2017年福建省第八届高等教育教学成果奖	二等奖	石红梅
6	2013年福建省第二届思想政治理论课教师教学比赛	三等奖	吴文琦
7	2013年福建省第二届思想政治理论课教师教学比赛	三等奖	李欣
8	2018年第四届福建省高校青年教师教学竞赛	三等奖	苗瑞丹
9	2019年第五届福建省高校青年教师教学比赛	一等奖	庄三红
10	2017年福建省首届“形势与政策”课教学展示活动	二等奖	吴文琦

第四章
科学研究

马克思主义学院深化科研体制改革，大力推动科研工作“入主流、创特色、上水平”，科研实力和科研成果显示度得到显著提升。学院成立以来，承担各类科研项目 200 余项，其中国家级和省部级项目 100 余项，国家社科基金项目总立项数在全校文科学院中名列前茅；在《中国社会科学》《马克思主义研究》《马克思主义与现实》等相关权威期刊发表学术论文 400 余篇，在人民出版社等出版机构出版学术专著 50 余部，获省部级以上奖励 60 余项。

第一节 学术研究机构的创建

一、毛泽东思想学习会

毛泽东思想是马克思列宁主义的普遍真理与中国革命建设的具体实践相结合的典范，也是马克思列宁主义在现代历史条件下的伟大发展。

1958 年 7 月，政治课教师为深入学习领会毛泽东思想，不断提高政治觉悟和教学科研水平，努力把自己培养成为优秀的马列主义宣传员，在全校率先成立了毛泽东思想学习会，推选邹永贤、朱天顺为正副会长。

学习会下设毛泽东哲学思想学习小组和毛泽东社会主义革命理论学习小组，精读毛泽东《关于正确处理人民内部矛盾的问题》《实践论》《矛盾论》《论人民民主专政》等著作，同时把《红旗》杂志作为学习的中心教材。学习会每周抽出一定时间进行学习研究，每两个月进行一次专题讨论，并在此基础上举行演讲会。[1]

在马列室教师的带动下，各系、组、行政单位也纷纷成立各自的学习组织。1958年8月，厦门大学成立了由校党委书记任主委的“毛泽东思想学习指导委员会”（简称“学指会”），指导全校的学习活动。学指委提出，学习活动应当与工作实践紧密地联系，反对从书本到书本的烦琐的教条主义学习方法，提倡大胆争鸣，反对不动脑筋、人云亦云的现象，做到人人都能独立思考，提出自己的见解。学习会是群众性的自觉学习、自我教育、相互帮助的组织。它是比政治课更为广泛、更能接触实际的经常性的学习组织，可灵活采取精读文件、小组漫谈、专题报告、撰写文章、参观访问、调查研究等多种形式，以及举办座谈会、辩论会、读书报告会、科学讨论会等多样化的活动。[2]

二、毛泽东思想研究室

八届八中全会后，全国掀起了进一步开展学习宣传和研究毛泽东思想的运动。1960年2月，中共厦门大学委员会决定成立毛泽东思想研究室，负责推动、组织全校毛泽东思想的研究工作，并提出春季学期开学后，用1个月的时间继续在学生中开展“以保卫总路线为中心的社会主义思想教育运动”，然后转入以毛泽东思想为中心的4门政治理论课的学习，马列主义教研室应立即着手对原有4门理论课进行革新，编写以毛泽东思想为中心内容的4门政治理论课的大纲、讲稿。政治理论课教师应结合这些大纲、讲稿的编写先行对毛主席有关著作深入钻研，并在教学中引导学生认真钻研毛主席著作。[3]

为认真、系统、全面地研究和阐明毛泽东思想，以毛泽东思想为武器进行学术批判、推动全校提高教学和科研质量并做好一切工作，学校在1960年4月9日成立了毛泽东思想研究室，由校党委直接领导，下设哲学、政治、经济、教育、文

---

① 《政治课教师决定成立毛泽东思想学习会》，《新厦大》1958年7月10日，第1版。

② 周济：《毛泽东思想学习运动蓬勃开展 全校学习指导委员会已告成立》，《新厦大》1958年8月28日，第1版。

③ 《中共厦门大学委员会关于进一步开展学习宣传和研究毛泽东思想运动的决定》，《新厦大》1960年2月27日，第1版。

艺、历史6个研究组，研究室主任由校党委常委、宣传部部长、马列室主任邹永贤兼任，副主任为林莺、潘茂元，商英伟任秘书，研究人员以马列室、经济系、中文系、教育学教研组、历史系、外文系等单位的部分教师和教研处的部分干部、校党委委员、各系党总支书记为主，共有100余人。研究室成立之初，就为即将开设的4门政治理论课编写大纲和讲义；以毛泽东思想为指导，修订一些课程的大纲和讲稿；进行专题研究、编撰系统阐述毛泽东思想的专著和论文；计划条件允许时设专职研究员并聘请校外人员为特约研究员，定期举办科学讨论会或报告会，开展社会调查，在校办刊物《学术论坛》上出版不定期专刊，甚至计划从1964年开始招收若干名研究生。研究室拟加强与校外有关大学和研究机构建立联系，交换研究情报，邀请专家来校参加讨论会和进行学术交流。[①]

毛泽东思想研究室的成立，为全校开展学习和研究毛泽东思想搭建了统一平台，标志着我校毛泽东思想学习宣传和研究开始进入一个新的阶段。研究室成立当天举行了首次学术讨论会，收到"较有分量的专著就有42项，有的长达十几万言，较系统地阐述了毛泽东思想的某一方面"，会上报告了《毛泽东同志关于社会主义向共产主义过渡的学说》《毛泽东同志教育思想初探》两篇论文的要点，并进行全校规模的讨论。[②]研究室主要以报告会、讨论会和社会调查等多种形式，进一步推动全校毛泽东思想的学习研究。

三、建设有中国特色社会主义理论研究中心

为加强对建设有中国特色社会主义理论的学习、研究和宣传，根据中共福建省委宣传部的建设规划，作为全省首批五个基地之一，"厦门大学建设有中国特色社会主义理论研究中心"成立于1994年3月。"中心"在省委宣传部、省社科规划领导小组指导下，由校党委、校行政直接领导，党委宣传部、党校、马列部和

① 《毛泽东思想研究室工作计划》，《新厦大》1960年4月12日，第1、2版。马通：《毛泽东思想研究室成立大会暨首次论文讨论会隆重举行》，《新厦大》1960年4月12日，第1版。

② 马通：《毛泽东思想研究室成立大会暨首次论文讨论会隆重举行》，《新厦大》1960年4月12日，第1版。

科研处协助实施。“中心”设在马列部内，以马列部的师资为基础，采用课题组形式，吸收有关学科研究人员参加。根据《关于成立“厦门大学建设有中国特色社会主义理论研究中心”的决定》的规定，“中心”的主要任务包括：深入研究和宣传建设有中国特色社会主义理论，促进用这一理论武装全党任务的落实；以这一理论为指导，努力研究改革开放和社会主义现代化建设中的重大理论与实践问题；结合本省、本市、本校改革和现代化建设的实际，对相关重大理论和实践课题作出理论总结和阐释，提供对策建议；有针对性地解答人们在建设有中国特色社会主义过程中普遍关心的深层次思想、理论问题；通过对“中心”研究课题的规划，开展多学科理论研究；承担省、校社科规划相关课题的研究任务；培养和扶持中青年理论工作者，建设一支信念坚定、工作扎实、团结奋进的理论队伍。

中心主任由常务副校长郑学檬兼任，党委副书记王豪杰兼中心第一副主任，宣传部部长洪桂芳、副部长洪成得，科研处副处长李国樑和马列部副主任陈铁民、马列部直属党支部书记陈宣明兼中心副主任。其中，洪成得、陈铁民为常务副主任。

四、中国特色社会主义理论体系研究与培训基地

2009 年 4 月，为深入开展中国特色社会主义理论与实践重大问题研究，积极推进马克思主义理论创新，以马克思主义研究院为基础，厦门大学与中共福建省委宣传部本着优势互补、共同发展的原则，决定合作共建“中国特色社会主义理论体系研究与培训基地”，由马克思主义研究院具体负责基地建设的日常工作。“基地”的建设目标是与厦门大学邓小平理论与“三个代表”重要思想研究基地有机整合，形成合力，开展马克思主义理论学科建设，成为福建省马克思主义研究或中国特色社会主义理论与实践创新研究基地，争取建立国家级的中国特色社会主义理论体系研究与培训基地。

基地建设的主要任务包括：(1)开展学术研究。从事马克思主义理论特别是中国特色社会主义理论与实践的学术与应用研究，进行理论创新，产出一批高水平的标志性成果。(2)人才培养与培训。从事马克思主义理论的学科建设和研究生培养，把基地建设成为省内外高层次的马克思主义理论教育培训中心。(3)

提供决策咨询。立足海西,面向全国,积极承担国家和地方的调研咨询课题,聚焦我省及全国经济社会发展的重大理论、战略和政策问题,为党和政府提供决策咨询服务。(4)开展国内外的学术交流活动。尤其是重视建立和拓展对外学术交流渠道,推进马克思主义理论研究的国内外合作,构建中国特色社会主义理论与实践研究的学术交流平台。

根据合作共建方案,厦门大学鼓励和支持所属单位承接福建省委宣传部委托的科研项目或与其联合申报有关课题;充分发挥自身专业优势,采取多种方式,为福建省委宣传部及所属单位培养和培训高层次管理人才。福建省委宣传部对基地的建设提供政策支持和宏观指导;将“基地”作为重要的基础研究和应用研究基地,向其发布有关科研项目信息,鼓励所属单位与基地联合申报有关课题项目或委托其进行业务培训。①

五、马克思主义与中国发展研究所

2012 年 4 月 10 日,学校批准成立厦门大学马克思主义与中国发展研究所,挂靠马克思主义学院。研究所是在马克思主义研究院撤销之后,学校为了推进“985 工程”重点学科项目“马克思主义理论”和“211 工程(三期)”重点学科项目“中国特色社会主义理论与实践”而设立的研究机构。

马克思主义与中国发展研究是当今世界的热点领域,更是我国的主流意识形态和学界关注的焦点。作为学科创新平台,研究所主要围绕马克思主义理论与实践,致力于探究我国社会主义建设实践的重大问题,积极推进马克思主义理论创新,力争发挥智囊团的作用,同时为我校的思想政治理论课的教学科研提供有力支撑。研究所成立时,确定了马克思主义基本原理研究,中国特色社会主义理论与实践研究,马克思主义发展史与国外马克思主义研究,中国社会转型历史与现实问题研究,伦理、法律与当代文化建设等 5 个重点研究方向。

研究所成立后,坚持以科研为中心、项目为抓手,积极推进“厦门大学马克思

① 《“中国特色社会主义理论体系研究与培训基地”简介》,《厦门大学报》2009 年 4 月 6 日(庆祝厦门大学马克思主义研究院成立专刊),第 1 版。

主义研究文库”出版资助计划，多次参与承办全国性或国际性学术会议，不定期邀请国内外著名马克思主义理论研究专家来校举办“马克思主义论坛”，组织本学科研究生开展学术沙龙活动，为推动学院一流学科建设和高质量人才培养提供助力。

研究所首任所长是张有奎，现任所长是张艳涛。

六、中国特色社会主义研究中心

2014 年 5 月 13 日，厦门大学中国特色社会主义研究中心经学校批准成立，同年 7 月申报首批福建省社会科学研究基地并获准立项建设。基地建设的主要目标是把基地建设成为福建省科学研究、人才培养、决策咨询、学术交流、信息资料和体制改革的重要示范窗口，为福建省哲学社会科学的发展做出突出贡献。12 月 18 日，福建省社会科学研究基地中国特色社会主义研究中心建设工作会议暨授牌仪式在我校举行。[①] 徐进功担任中心主任，贺东航担任中心首席专家和中心副主任，张有奎担任中心副主任。2018 年 12 月，冯霞任中心首席专家和中心常务副主任，增补苗瑞丹担任中心副主任。

图 4-1　福建省社科研究基地“中国特色社会主义研究中心”授牌仪式（2014 年 12 月）

① 《省社科研究基地中国特色社会主义研究中心授牌》，《厦门大学报》2014 年 12 月 26 日，第 1 版。

"中心"以马克思主义学院为依托，整合公共事务学院、人文学院、经济学院、法学院、台湾研究院、教育研究院等相关单位的研究力量，对中国特色社会主义理论开展进行跨学科、综合性和整体性研究，侧重于习近平新时代中国特色社会主义思想与中国道路研究、习近平新时代中国特色社会主义思想在福建的实践研究、新时代党建理论与实践研究、中国农村改革发展与乡村振兴研究。"中心"力争建成集中国特色社会主义理论研究、决策咨询、社会服务和人才培训于一体的战略型智库。

"中心"研究人员老中青结合，阵容整齐，研究特色明显，已承担国家社科基金 20 余项，其中重大项目 1 项、重点项目 2 项，成果获得省部级以上优秀成果奖近 20 项。2018 年 12 月，在福建省社科规划办组织的对第一批获准设立的福建省社会科学研究基地进行考核评估中，厦门大学中国特色社会主义研究中心被评为"优秀基地"。

七、中国农村林业改革发展研究基地

厦门大学中国农村林业改革发展研究基地成立于 2015 年 3 月 29 日，是厦门大学与国家林业与草原局联合共建的、福建省首个农村林业改革研究基地。

"研究基地"以马克思主义学院为依托，紧紧围绕农村林业改革的热点问题，充分发挥厦门大学多学科交叉融合的优势，联合公共事务学院、法学院、人文学院、经济学院、管理学院等多个学科开展跨学科、跨领域研究工作。基地以服务国家农村林业改革发展和政府决策为目标导向，紧密结合福建、江西、浙江等南方集体林权制度改革"先行先试"的区位优势，发挥农村林业改革发展社会智囊、第三方评估等功能，起到思想库、智囊团和信息源的作用。基地成立至今，已经承接国家林业与草原局和地方林业主管部门委托的各类调研和决策咨询课题近 10 项，多份研究报告被国家有关部门采纳批示。

基地首任主任由贺东航担任，现任主任为朱冬亮。

八、习近平新时代中国特色社会主义思想研究院

为深入学习贯彻党的十九大精神，大力推进习近平新时代中国特色社会主义思想研究，充分发挥多学科、综合性和研究型大学优势，传承我校马克思主义研究与传播的优良传统，厦门大学习近平新时代中国特色社会主义思想研究院于2017年11月3日举行成立暨揭牌仪式。

成立厦门大学习近平新时代中国特色社会主义思想研究院，是学校以实际行动响应党中央号召，用习近平新时代中国特色社会主义思想武装头脑、指导实践、推动工作的重大举措，是学校学习宣传贯彻十九大精神的一项重要安排，也是学校党的建设和宣传思想文化工作中的一件大事。研究院以推进21世纪中国的马克思主义创新发展为己任，聚焦中国道路和当代世界发展重大理论和现实问题，立足福建改革开放和厦大“双一流”建设实践，开展多学科协同交叉、联合攻关，积极为推动党的理论创新、服务经济社会发展提供学理支撑和决策参考。研究院聘任近百名校内外专家为兼职教授，初步确定了五大研究方向：1.十九大新思想、新观点、新论断、新战略研究；2.习近平新时代中国特色社会主义思想形成条件、主要内容、科学体系和理论逻辑研究；3.习近平新时代中国特色社会主义思想与中国现代化道路、中国现代性建构研究；4.习近平新时代中国特色社会主义思想大众化问题研究；5.习近平新时代中国特色社会主义思想“三进”问题研究。学校从“双一流”建设资金中安排300万元专项经费支持研究院开展理论研究，并采用开放性和发展性的原则办院。①

习近平新时代中国特色社会主义思想研究院目前挂靠在马克思主义学院。2019年9月，学校任命李建发(时任校党委副书记、副校长)兼任研究院院长、徐进功(时任校党委常委、宣传部部长、教师工作部部长、马克思主义学院院长)兼任研究院常务副院长。

① 《大力推进习近平新时代中国特色社会主义思想研究》，《厦门大学报》2017年11月10日，第1版。

九、马克思主义基础理论研究中心

2018年12月21日，马克思主义学院组织申报的“马克思主义基础理论研究中心”建设项目获福建省教育厅批复，同意纳入“福建省高校人文社会科学研究基地”进行建设。

研究中心旨在传承厦门大学马克思主义研究的光辉历史和优良传统，推进21世纪马克思主义研究，推动马克思主义一级学科建设，同时也有助于加强马克思主义理论高层次人才培养和提升思想政治理论课教学质量。按照建设方案和目标思路，研究中心以马克思主义学院的现有学术队伍为依托，整合校内相关学科的研究力量，努力形成一支较为稳定的学术团队，凝练若干富有特色的研究方向，瞄准国家和地方重大战略需求，承接重大横向课题，积极开展资政研究，发表一定数量的高质量学术论文或专著，争取产出若干标志性成果，使得研究基地的一两个研究方向成为国内的特色领域，从而进一步扩大厦门大学马克思主义学院在马克思主义基础理论研究方面的学术影响力。

研究中心依托马克思主义学院现有的学术资源与师资力量，凝练出富有特色的4个研究方向，即马克思主义基本理论和方法研究、马克思主义中国化的理论成果研究、马克思主义与思想政治教育基础理论研究、当代国外马克思主义研究。研究中心主任由张有奎担任。

学术研究机构的创建是推动学科发展的现实需要，也是提升学术队伍素质的重要途径。厦门大学十分重视马克思主义研究机构建设。早在1952年9月，学校就成立了由校长、研究部部长王亚南兼任主任，法律系主任陆季蕃兼任副主任的马列主义研究室，负责计划和推动全校马列主义、毛泽东思想的研究工作。[①] 1986年，在原中国革命史教研室的基础上，马列室也成立了毛泽东思想研究室，定期开展科研活动，黄志仁担任研究室主任。1991年，马列部下设研究机构有毛泽东思想研究室、社会主义经济思想研究室、当代社会思潮研究室。马克思主义学院成立后，学院目前还设立有厦门大学中国农村改革发展研究中心、厦门大学池田大作思想研究中心、马克思主义学院国外马克思主义社会政治理论研究中心和马克思主义学院新时代党建研究中心等研究机构。

---

① 《全校行政组织调整人事配备初步完成》，《新厦大》1952年10月1日，第2版。

第二节 科研活动及学术成果

一、科学研究的早期实践

马列主义理论课教师同时也是一支重要的科学研究力量。1952 年 9 月学校设立研究部,王亚南校长兼任部长,全力推动全校马列主义、毛泽东思想的研究,使其贯彻到各种学术和学科中去。[①] 研究部下属的马列主义研究室经常了解各教学单位的思想情况和可能的研究条件,支持各教学单位定期组织座谈会、讨论会或专题报告会。

政治经济学教研室属于当时校内科研实力比较强的单位之一,较早就确立了"科学研究结合教学需要,为提高教学质量而服务"的思路。1952 年 11 月,斯大林《苏联社会主义经济问题》中文本出版后,当时国内大学使用的苏联和中国专家所写的政治经济学教材或参考书,已有不少内容显得过时,因此迫切需要编写一本适合教学使用的政治经济学教科书。政治经济学教研室经集体讨论,决定开展集体编写教科书的尝试,由各参与人根据平时撰写讲稿、备课、讲授、辅导、课堂讨论、考试考查等教学环节中积累所得的经验,结合深入钻研苏联的教学提纲、教材和认真参考经典著作,对原来的各部分讲稿自行提出修订意见,并提交集体讨论修正,然后请王亚南校长最终审定。教研室全体成员普遍认识到"编撰教科书是一件非常艰巨而严肃的工作,并且是教研室科学研究工作的一个开端;它为今后科学研究工作打下基础,并为进一步开展科学研究工作创造条件"。[②]

1956 年 4 月 35 周年校庆之际,为响应"向科学大进军"的号召,厦门大学举办了第一次科学讨论会。讨论会宣读或报告的 72 篇论文中,马列室教师邹永贤等人的《"集中制共和国"是团结我国各族人民建设社会主义的最好国家形式》是

---

① 《全校行政组织调整人事配备初步完成》,《新厦大》1952 年 10 月 1 日,第 2 版。

② 《政治经济学教研室开始进行科学研究工作》,《新厦大》1954 年 4 月 10 日,第 3 版。

其中之一。文章阐明了马克思主义者解决民族问题的原则，分析了苏联和中国各自不同的历史情况，论证了苏联采取联邦制的必要性和优越性，而相反的中国采取集中制的根据及其正确性。[①] 举办小型研讨会是当时教师开展学术交流的重要形式。10 月，哲学教研组本着“百家争鸣”的精神，围绕“对抗性矛盾与非对抗性矛盾问题”组织了一次小型学术讨论会，研讨了区分对抗性矛盾与非对抗性矛盾的现实意义、对抗性矛盾的基本含义、矛盾的对抗性质与矛盾斗争的对抗形式之间区别和联系，等等。[②] 12 月，政治经济学教研组组织讨论党的八大文件，集中研讨我国社会主义社会主要矛盾发生变化的理论依据和实践意义。[③]

1959 年 9 月 21 日，厦门大学第三次科学讨论会开幕当天，政治课教研室主任邹永贤作了《论从政治上思想上消灭剥削阶级》的论文报告。讨论会还分设马列主义理论组进行研讨，进一步活跃了学术氛围。[④] 次年 9 月，马列室和哲学系教师完成了 30 余万字的《毛泽东同志关于战争与和平的理论的研究》一书的初稿。[⑤]

1961 年 6、7 月间，厦门大学举行第五次科学讨论会，本次科学讨论会以教研组、科研组、研究室为单位举行。马列室和哲学系主要讨论了“按劳分配在社会主义建设中的作用”以及“关于统一性和斗争性的关系问题”。

1961 年 10 月，陈安等人翻译的《反对修正主义》（[苏]奥库洛夫等著）一书由生活・读书・新知三联书店出版；1962 年 8 月，陈安、田锡宋翻译的《修正主义反对无产阶级专政学说》（[苏]萨谢理雅著）一书，由生活・读书・新知三联书店出版。

这一时期，政治理论课教师开始尝试在学校创办的学术刊物《学术论坛》上发表研究论文，如郑道传的《纳赛尔的反殖民主义思想》（1957 年第一期），朱天顺的《亚里斯多德的国家观》（1957 年第三期），邹永贤的《反对修正主义，保卫十月革命的道路》（1957 年第四期），商英伟、曾广德、余纲的《揭穿所谓“无产阶级

---

① 《我们浏览了科学论文》，《新厦大》1956 年 4 月 4 日，第 2 版。

② 众哲：《哲学教研组讨论矛盾的对抗性问题》，《新厦大》1956 年 10 月 31 日，第 2 版。

③ 若虚：《政治经济学教研组讨论“八大”文件》，《新厦大》1956 年 12 月 1 日，第 1 版。

④ 《把总路线旗帜在科学研究领域举得更高》，《新厦大》1959 年 9 月 24 日，第 1 版。

⑤ 《我校完成 380 项科研项目》，《新厦大》1960 年 10 月 1 日，第 1 版。

两党制"的反动实质》(1957 年第四期),周济的《以实际为纲才能学好毛泽东思想》(1958 年第三期),黄九如的《对政治经济学社会主义部分教学大纲第一方案的体会》(1958 年第四期),王承惠的《政治课教学中的群众路线问题》(1958 年第四期)等。

早期的政治课教师,由于专业背景差异较大,专业基础相对薄弱,因而开展科学研究遇到的阻力不小。当时学校科研条件总体上比较差,况且政治课教师在承担繁重的课堂教学任务外,还要用大量的精力从事学生的思想政治工作,这使他们能够花在精读经典著作、增强理论功底、开展学术研究上的时间大量被挤占。政治经济学教研组在学期工作总结中曾特别提到:"我们觉得现实资料异常缺乏,希望能够从国家计划委员会、中央财经各部取得一些统计必要的资料,以便进行研究。"① 哲学教研组讲师盛新民也曾这样描述当时的政治课教师工作情形:政治课教师对每一个课堂讨论小班,每周至少花一个晚上答疑,每次课堂讨论要花一个下午批阅同学的发言提纲,每一周还花上一两天时间为同学准备时事报告,还花时间跟同学谈思想问题、班的工作、团的工作等问题,还经常参加同学一些活动。为了备好课,经常干到深夜;为了准备主持课堂讨论,花上一天或几晚时间准备一番,绝大多数主讲教员均不例外。"有什么办法呢？水平太低了,工作又需要。那有时间进行科学研究？几学期来科学研究计划一再落空。不是吗？连围绕教学看经典著作的时间都没有,为了即时需要,只好抄抄讲稿,翻翻普通小册子。还谈什么科学研究？一谈到工作量,大家摇摇头。眼前搞三两班都忙得不亦乐乎,要再加上三四班,不是写不出讲稿,就只好不睡觉!"②

① 《1952 年度下学期政治经济学课程总结报告》(1953 年 9 月),厦门大学档案馆藏,厦大教务档 53—3。

② 盛新民:《以新形势的要求来衡量我们的工作》,《新厦大》1956 年 1 月 31 日,第 2 版。

二、科学研究的深入开展

“文革”结束后，解放思想的观念日益深入人心，不断推动社会的进步与发展。1978 年 9 月，哲学系和马列室师生围绕真理的检验标准问题展开热烈的讨论。大家认为，是否坚持实践是检验真理的唯一标准，直接关系到我们党的思想路线、政治路线的贯彻，关系到我们国家的前途和命运。[①]《厦门大学》报先后刊发哲学系、马列室教师黄强、高令印的《理论不是检验真理的标准》，张善城的《坚持实事求是，一切从实际出发》等文章，从理论和实践结合上对真理检验标准进行比较深入的探讨。教师们重返教学岗位，意气风发，积极工作，力争编出高质量的教材讲义。如中共党史组黄志仁主持编写了《中国共产党历史讲授纲要》部分文稿，国际共运史组集体编写了《〈共产党宣言〉提要和注释》，供校内学生学习使用。教师们还结合当时揭批“四人帮”斗争，撰写了系列学术论文，对哲学、科学社会主义领域做了拨乱反正的专题探讨。[②] 1981 年 4 月，马列室举行学术讨论会，着重讨论如何坚持四项基本原则，特别是坚持和改善党的领导问题。[③] 翌年 11 月底，马列室教师聚焦党的十二大文件精神开展专题研讨。[④]

1984 年 9 月，中宣部、教育部印发《关于加强和改进高等院校马列主义理论教育的若干规定》，明确要求马列主义课教师在保证完成教学任务的同时，应当积极开展科学研究工作，参加社会主义现代化建设实践提出的重大理论和实际问题的讨论，参加有关的学术活动，以提高业务水平和教学质量。我校政治课教师的学术研究开始从以教学研究为主，逐步走上教学研究与学术研究并进之路。据统计，1982—1990 年，马列室教师发表论文 250 余篇，出版教材、专著、译著 20

---

① 黄强：《哲学系师生讨论真理的标准问题》，《厦门大学》1978 年 9 月 29 日，第 2 版。

② 《东风劲吹，捷报频传——我校近年来科研工作取得可喜成绩》，《厦大校刊》1978 年 5 月 28 日，第 3 版。

③ 林德忠：《马列主义教研室学术讨论会着重讨论坚持和改善党的领导问题》，《厦门大学》1981 年 5 月 10 日，第 2 版。

④ 崔之一：《马列室举行学习十二大文件专题讨论会》，《厦门大学》1982 年 12 月 20 日，第 1 版。

余部。其中,李淑媖、肖学信合著的《国共合作简史》一书曾获华东地区优秀政治理论图书二等奖,1988 年获福建省第一届哲学社会科学优秀成果三等奖。黄九如参加撰写的《马克思主义辩证法史》(商英伟等主编)一书曾获北方 15 省优秀图书一等奖。

马列部成立后,除教材的编写外,教师出版的学术专著、发表论文的数量和水平不断提升。1994 年 2 月,马列部《关于把马克思主义理论课作为重点课程的实施意见》要求教师更加注重科研,多写文章。长期从事马克思主义理论教学与研究的黄志仁、陈铁民、崔之一、黄九如等老教师均有论著问世,中青年教师亦推出新著,其中,黄志仁编著的《中国新民主主义政治制度史》、陈铁民编著的《领导行为心理分析》1994 年分获福建省第二届哲学社会科学优秀成果二、三等奖;陈铁民的《现代认识论研究》,孔永松、李小平的《客家宗族社会》两部专著 1998 年分获福建省第三届哲学社会科学优秀成果二、三等奖。据 2003 年的一份资料统计,近 5 年间,马列部教师主持过省部级课题 4 项,横向课题 2 项,发表论文 159 篇,其中发表在权威期刊、核心期刊的论文数十篇,正式出版著作(包括主编)21 部,陈翠芳的《中国儒学史论》、吴温暖等人的《国际环境与国防建设》两部专著均获 2000 年福建省第四届哲学社会科学优秀成果奖三等奖。2005 年 3 月,厦大马列部联合其他部属高校申报的教育部哲学社会科学研究重大课题委托研究项目"高校思想政治理论课社会实践教学环节研究"获批立项,厦大马列部主任苏劲教授为该项目首席专家。该项目以大范围广泛调研为基础,以建立和完善实践教学保障机制、探索实践育人的长效机制为核心,以加强思政课实践教学、提高学生政治素质和观察分析社会现象的能力为目的,紧紧围绕中央关于进一步加强和改进高校党建和思想政治工作的指示精神,具有较强的时代性。①

① 房太伟:《我校思政理论课研究获教育立项》,《厦门大学报》2005 年 3 月 11 日,第 2 版。

图 4-2　马列部举办中日社会与经济学术研讨会(2000 年 9 月)

三、科学研究的日益繁荣

马克思主义学院成立伊始就确立了以发展 21 世纪中国的马克思主义理论为主题,以中国发展道路的理论与实践研究为主线,从理论与实践、历史与现实、宏观与实证、国内与国外等多重维度,组织开展具体而深入的马克思主义理论研究的学术发展思路。提出要深入推进马克思主义理论研究和建设工程,不断推出高水平的理论创新成果;要提升思政课的吸引力和实效性,必须以面向新时代中国特色社会主义重大理论和现实问题为导向的深度科研为支撑;马克思主义理论研究要入主流,又必须结合党和国家重大战略需求,并且深入到新时代中国特色社会主义伟大实践当中去。

马克思主义学院深化科研体制改革,大力推动科研工作"入主流、创特色、上水平",科研实力和科研成果显示度得到显著提升。学院加大经费投入,鼓励师生开展学术研究,设立科研课题培育项目,2012 年,学院教师获批国家社科基金项目立项 3 项,教育部人文社科项目立项 3 项,福建省社科规划项目立项 6 项;

学院启动了“厦门大学马克思主义与中国发展研究文库”和“厦门大学马克思主义论丛”系列著作出版资助计划。学院成立以来，本院教师承担各类科研项目200余项，其中国家社科基金项目33项，2014年7月朱冬亮教授的“农村基本经营制度实施及变革路径研究”获国家社科基金重大项目立项；承担教育部项目17项及福建省级科研项目60余项；2014—2016年间，学院科研经费完成率曾连续三年位列全校文科单位前三名；出版专著、编著50余部，有5部专著荣获福建省哲学社会科学优秀成果奖；发表学术论文400余篇，其中不乏发表在《中国社会科学》《马克思主义研究》《马克思主义与现实》等权威期刊上的优秀论文，有16篇论文荣获福建省哲学社会科学优秀成果奖。朱冬亮教授在《中国社会科学》2013年第11期和2020年第7期上分别发表了《村庄社区产权实践与重构：关于集体林权纠纷的一个分析框架》《农民与土地渐行渐远——土地流转与“三权分置”制度实践》。其中，《村庄社区产权实践与重构：关于集体林权纠纷的一个分析框架》一文曾于2015年荣获教育部第七届高等学校科学研究优秀成果奖（人文社会科学）三等奖。2015年6月，冯霞教授的学术专著《科学发展观对三大规律认识的丰富与发展》荣获江西省第十六次社会科学优秀成果奖一等奖。

图4-3　马克思主义与中国发展研究文库出版

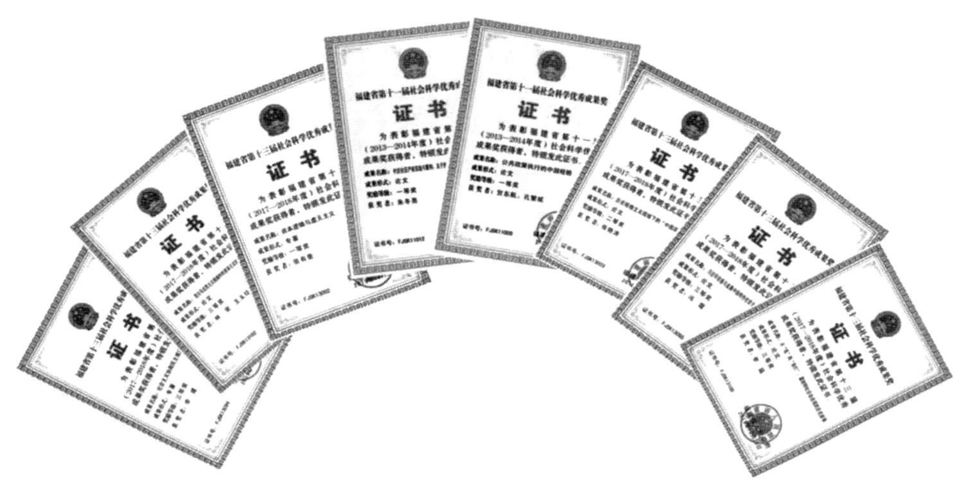

图 4-4　马克思主义学院教师科研成果获奖证书(部分)

表 4-1　马克思主义学院国家社科基金科研项目立项情况一览表

序号	项目名称	年份	项目类别	主要负责人
1	农村基本经营制度实施及变革路径研究	2014	重大项目	朱冬亮
2	中国特色社会主义制度自信的内在逻辑研究	2015	重点项目	冯　霞
3	十八大以来中国共产党治国理政的政治思想研究	2017	重点项目	贺东航
4	土地集体所有权权能改革实践与农村治理能力建设研究	2020	重点项目	朱东亮
5	资本积累方式变迁与当代帝国主义	2011	一般项目	吴　茜
6	数字化与少数民族非物质文化遗产保护研究	2012	一般项目	李德元
7	转型期我国养老保险制度选择问题研究	2012	青年项目	黄　莹
8	当代中国参与式民主的建构模式研究	2012	青年项目	原宗丽

续表

序号	项目名称	年份	项目类别	主要负责人
9	全球视野下的马克思正义批判理论及当代价值研究	2014	一般项目	宋建丽
10	《资本论》及其手稿中的空间生产理论研究	2014	青年项目	林　密
11	价值虚无主义对马克思主义信仰养成的影响与对策研究	2015	一般项目	张有奎
12	台湾闽客族群的互动共生与政治生态研究	2015	一般项目	周雪香
13	马克思主义经济学视角下的财富分配研究	2015	青年项目	肖　斌
14	全球视野下中国话语体系建构与中国话语权提升研究	2016	青年项目	张艳涛
15	马克思主义的哲学语言转向研究	2016	青年项目	蒋昭阳
16	《资本论》及其手稿的分配伦理思想研究	2017	青年项目	庄三红
17	社会主义协商民主推进国家治理现代化内在机制与实现路径研究	2017	青年项目	李　建
18	清末政府聘用日本军人问题与军事现代化研究	2017	青年项目	陶祺谌
19	清代旅华博物学家纪行的编译及研究(1697—1840)	2018	青年项目	李　猛
20	新时代马克思主义理论学科建设对高校思政课支撑作用研究	2019	思政专项	黄　莹
21	马克思人民民主思想及其当代价值研究	2019	青年项目	刘洪刚
22	马克思政治经济学批判视域中的城乡不平衡发展问题研究	2019	一般项目	林　密

续表

序号	项目名称	年份	项目类别	主要负责人
23	习近平主持并推动的“闽宁模式”及其对实现共同富裕的意义研究	2019	一般项目	叶兴建
24	清代漕运费用研究	2020	一般项目	晏爱红
25	近代中国海关文献中环境史资料搜集与研究	2020	一般项目	佳宏伟
26	全球治理视域下国外马克思主义的当代资本主义批判研究	2020	一般项目	宋建丽
27	留法勤工俭学群体与中国马克思主义话语的早期建构研究(1919—1927)	2020	青年项目	贾　凯
28	社会主义核心价值观对文化建设的引领作用及其实现路径研究	2020	后期资助	苗瑞丹
29	推动高校思政课专题教学改革创新研究	2020	思政专项	张有奎
30	血浓于水——闽台血缘	2013	特别委托项目子课题	周雪香
31	福建省深入实施生态省战略,加快生态文明先行示范区建设研究	2015	特别委托项目子课题	贺东航
32	当前主要社会思潮的最新发展动态及其批判研究(子课题:女性主义、生态主义与新社会运动)	2016	重大项目子课题	宋建丽
33	十八大以来党中央治国理政的政治思想与实践创新研究(子课题:中国特色社会主义理论)	2016	专项委托项目子课题	冯　霞

表 4-2 马克思主义学院教育部科研项目立项情况一览表
（不包括教学研究项目）

序号	项目名称	年份	项目来源	主要负责人
1	发达国家科研诚信建设研究及对我国的启示——以美、英、德、澳等国为例	2011	人文社科专项任务项目	曾炜琴
2	马克思主义理论与中国传统文化继承创新的关系研究	2012	人文社科专项任务项目	徐进功
3	资本逻辑与虚无主义的内在关系研究	2012	人文社科规划一般项目	张有奎
4	南茜・弗雷泽反规范的正义理论研究	2013	人文社科规划一般项目	宋建丽
5	文献学视野下的珍稀中国革命史料的搜集、编纂与研究	2014	人文社科规划青年项目	董兴艳
6	从顶层到落地:农村林改政策的实施	2016	后期资助重大项目	贺东航
7	霍耐特的社会批判理论研究	2017	人文社科规划青年项目	洪　楼
8	留法勤工俭学群体对中国共产党国民革命话语体系建构的探索及其当代价值研究	2017	人文社科规划青年项目	贾　凯
9	班克斯帝国博物学的空间逻辑与实践特性	2017	人文社科规划青年项目	李　猛
10	马克思主义道德观与道德相对主义批判	2016	人文社科规划一般项目	杨胜良
11	马克思主义正义理论视域下共享发展理念与实践路径研究	2016	人文社科规划青年项目	苗瑞丹
12	道德直觉主义的整合研究	2018	人文社科规划青年项目	王奇琦

续表

序号	项目名称	年份	项目来源	主要负责人
13	全面建设社会主义现代化强国研究	2018	人文社会科学研究专项	张有奎
14	中国特色世界一流大学建设中的意识形态问题研究	2020	人文社科研究一般项目	李仙飞
15	《黑格尔、尼采与哲学:论自由》(译著)	2020	后期资助项目	李仙飞
16	高校师生关系的异化研究	2011	全国教育科学规划项目	赵　颖
17	基于主题叙事的高校思想政治教育话语实践研究	2019	全国教育科学规划课题	王圣宠

表 4-3　马克思主义学院历年出版著作情况统计表

年份	2011	2012	2013	2014	2015	2016	2017	2018	2019	2020
专著	1	5	5	7	2	6	5	5	9	1
编著	1	0	6	6	4	1	3	3	7	2
合计	2	5	11	13	6	7	8	8	16	3

表 4-4　马克思主义学院发表核心期刊论文情况统计表

年份	2011	2012	2013	2014	2015	2016	2017	2018	2019	2020
最优刊物	8	1	5	8	10	7	12	3	8	2
一类核心	3	9	6	3	5	7	6	15	16	14
二类核心	10	12	12	10	14	15	17	19	13	12
合计	21	22	23	21	29	29	35	37	37	28

表4-5 马克思主义学院荣获福建省哲学社会科学优秀成果奖作品一览表

序号	获奖人	获奖成果名称	成果形式	获奖年份	届别	获奖等级
1	宋建丽	公民资格与正义	专著	2011	9	一
2	贺东航 孔繁斌	公共政策执行的中国经验	论文	2015	11	一
3	朱冬亮	村庄社区产权实践与重构:关于集体林权纠纷的一个分析框架	论文	2015	11	一
4	张有奎	资本逻辑与虚无主义	专著	2019	13	一
5	张艳涛	怎样科学对待马克思主义	论文	2013	10	二
6	林　密	意识形态、日常生活与空间——西方马克思主义社会再生产理论研究	专著	2018	12	二
7	张艳涛	历史唯物主义视域下的“中国现代性”建构	论文	2019	13	二
8	庞　虎	抗战视野下中共南方局文化工作研究	论文	2011	9	三
9	徐雅芬	30年来高校思想政治理论课建设的成就与启示	论文	2011	9	三
10	朱冬亮 贺东航	新集体林权制度改革与农民利益表达——福建将乐县调查	论文	2011	9	三
11	吴　茜	新民主主义社会论理论探源——马克思主义落后国家社会发展道路理论的中国化	论文	2013	10	三
12	张有奎	资本逻辑与虚无主义的批判	论文	2013	10	三

续表

序号	获奖人	获奖成果名称	成果形式	获奖年份	届别	获奖等级
13	庞　虎	新启蒙运动与马克思主义中国化的路径选择	论文	2015	11	三
14	张有奎	虚无主义的终结与人的解放——基于马克思主义实践逻辑的考察	论文	2018	12	三
15	张艳涛	思想史语境中的《资本论》——兼论《资本论》与21世纪“中国现代性”建构	论文	2018	12	三
16	贺东航	关于进一步深化农村集体林权制度改革的政策建议	调查报告 咨询报告	2018	12	三
17	冯　霞	习近平完善与发展中国特色社会主义制度的理论创新维度	论文	2019	13	三
18	李　建	社会主义协商民主推进国家治理现代化研究	专著	2019	13	三
19	李　猛	从“我”到“我们”：霍耐特社会自由观的历史叙事	论文	2019	13	三
20	林　密 王玉珏	西方马克思主义视阈中的资本主义社会关系再生产及其层次	论文	2019	13	三
21	肖　斌	国企改革发展是振兴实体经济的压舱石	论文	2019	13	青年佳作

深入推进对外学术交流，积极主办或承办各类高端学术研讨会，有利于加强与国内同行的学术对话，拓宽师生的学术视野。2012 年 12 月 8—9 日，我校马克思主义学院、马克思主义与中国发展研究所与教育部人文社科重点研究基地清华大学高校德育研究中心、清华大学马克思主义学院联合主办了全国高校思

想政治教育高端论坛，来自全国 60 多所高校及相关期刊杂志社的 120 多名专家学者、学生思政工作者共同围绕新形势下思想政治教育的理论与实践发展问题进行深入交流。[①] 学院借此广交了学术界朋友，也逐步积累了承办大型学术研讨会的经验。2016 年 6 月，学院与全国高校马克思主义理论学科研究会共同主办了全国高校马克思主义理论学科研究会第 24 次学科论坛暨"21 世纪中国马克思主义理论的创新与发展"学术研讨会，来自全国近 60 所高校的 120 多位马克思主义理论学科专家学者围绕"21 世纪中国马克思主义的科学内涵和最新成果研究""21 世纪中国马克思主义理论创新与实践创新的关系研究""发展 21 世纪中国马克思主义的方法论研究"等专题展开深入研讨。2019 年 11 月，学院与《思想理论教育导刊》编辑部联合主办了全国"爱国主义与时代精神"学术研讨会，来自全国数十所高校或单位的 100 余人从多元的视角充分探讨爱国主义的话题。2020 年 10 月，学院承办了由中央党校(国家行政学院)习近平新时代中国特色社会主义思想研究中心、中央党校(国家行政学院)马克思主义学院、中国马克思主义研究基金会、厦门大学联合举办的第三届"中国话语高端论坛"，150 余位专家围绕"习近平新时代中国特色社会主义思想与中国话语建构"这一主题进行研讨。学院还广泛邀请国内外著名专家和知名学者来校举办"马克思主义论坛"系列高端学术讲座，自 2012 年 6 月首场开讲以来已经先后举办了 272 场。

① 赖炜芳：《全国思想政治教育高端论坛在我校举行》，《厦门大学报》2012 年 12 月 14 日，第 1 版。

图 4-5 全国思想政治教育高端论坛在厦门大学成功举办(2012 年 12 月)

表 4-6 马克思主义学院主办或承办的重要学术研讨会一览表

序号	时间	会议名称	合作单位
1	2012 年 12 月 1—2 日	福建省社会科学界 2012 年学术年会“福建精神和海西跨越发展”论坛暨福建省哲学学会 2012 年年会	福建省哲学学会、厦门大学人文学院哲学系
2	2012 年 12 月 8—9 日	全国思想政治教育高端论坛	教育部人文社科重点研究基地清华大学高校德育研究中心、清华大学马克思主义学院
3	2013 年 6 月 29 日	“马克思思想资源中的社会公正”学术研讨会	中国社会科学杂志社、哲学研究杂志社、马克思主义与现实杂志社、中国人民大学学报、厦门大学公共政策研究院
4	2013 年 11 月 1—3 日	福建省高校思想政治理论教学研究会 2013 年年会	福建省高校思想政治理论教学研究会

续表

序号	时间	会议名称	合作单位
5	2014 年 6 月 7 日	福建省马克思主义理论研究教育创新基地建设座谈会暨“邓小平与中国特色社会主义道路”学术研讨会	
6	2014 年 11 月 1—2 日	“红色文化与中国发展道路”学术研讨会	中共党史研究杂志社
7	2015 年 7 月 16 日	“马克思主义与妇女劳动”学术研讨会	厦门大学妇女/性别研究与培训基地
8	2015 年 10 月 31 日—11 月 1 日	第八届全国马克思主义院长论坛	中国社会科学院马克思主义研究院、中国社会科学院马克思主义研究学部、广西师范大学出版集团有限公司
9	2015 年 12 月 5 日	福建省社会科学界 2015 年学术年会“‘四个全面’与福建发展战略研究”分论坛暨福建省哲学学会 2015 年年会	福建省哲学学会、厦门大学人文学院哲学系
10	2016 年 6 月 25—26 日	全国高校马克思主义理论学科研究会第 24 次学科论坛暨“21 世纪中国马克思主义理论的创新与发展”学术研讨会	全国高校马克思主义理论学科研究会、《马克思主义理论学科研究》编辑部
11	2017 年 4 月 22—23 日	“社会主义改革与马克思主义本土化”国际学术研讨会	中国社会科学院马克思主义研究院国际共产主义运动研究部、马克思主义研究杂志社
12	2017 年 7 月 2—3 日	“霍耐特与法兰克福学派批判理论传统”学术研讨会	南京大学马克思主义学院、中国社会科学院《世界哲学》编辑部

续表

序号	时间	会议名称	合作单位
13	2017 年 9 月 23 日	第六届全国马克思主义经济学论坛暨第七届全国马克思主义经济学青年论坛	中国社会科学院马克思主义研究学部、中国社会科学院马工程办公室、中国社会科学院经济社会发展研究中心、中国社会科学院马克思主义研究院原理部
14	2017 年 11 月 11—12 日	“马克思主义在中国的传播与实践”学术研讨会	南开大学马克思主义学院、兰州大学马克思主义学院、四川大学马克思主义学院
15	2018 年 5 月 12—13 日	新时代全面深化改革与马克思主义理论创新——纪念改革开放 40 周年学术研讨会	《科学社会主义》杂志社
16	2018 年 6 月 9—10 日	“多元视野下的中共苏维埃革命”学术研讨会	厦门大学人文学院、《苏区研究》编辑部
17	2018 年 9 月 14—15 日	“马克思《政治经济学批判大纲》与新时代中国”学术研讨会	
18	2018 年 12 月 7—9 日	“新时代中国特色社会主义法治建设”研讨会	厦门大学党内法规研究中心
19	2018 年 12 月 8 日	教育部高校思想政治理论课教学指导委员会“马克思主义基本原理概论”分教指委 2018 年会	教育部高校思政课教指委“马克思主义基本原理概论”分教指委
20	2018 年 12 月 14—15 日	第二届中共党史研究青年学者论坛	
21	2018 年 12 月 15—16 日	福建省社会科学界联合会 2018 年年会暨福建省哲学学会 2018 年学术年会	福建省哲学学会、福建省历史唯物主义研究会、福建省辩证唯物主义研究会联合、厦门大学人文学院哲学系

续表

序号	时间	会议名称	合作单位
22	2018 年 12 月 28—30 日	2018 年福建省马克思主义理论学科研究生学术论坛	福建省学位办主办，厦门大学研究生院
23	2019 年 5 月 25 日	“中国道路和中国奇迹”学术研讨会	中共中央党校专家工作室
24	2019 年 6 月 14—15 日	《中国近现代史纲要》课程教学改革暨纪念新中国成立 70 周年教学研讨会	
25	2019 年 7 月 27—30 日	第五届“批判理论论坛”	全国当代国外马克思主义研究会
26	2019 年 7 月 31 日—8 月 2 日	“空间政治经济学与新时代中国”专题学术研讨会	《天津社会科学》杂志社、《南京大学学报(哲学·人文科学·社会科学版)》编辑部、《厦门大学学报(哲学社会科学版)》编辑部
27	2019 年 11 月 9—10 日	全国“爱国主义与时代精神”学术研讨会	《思想理论教育导刊》编辑部
28	2019 年 12 月 8 日	“谋局‘中国之治’贡献厦门力量”专家研讨会	厦门市社科联、厦门大学中国特色社会主义研究中心、厦门市社会发展研究会
29	2019 年 12 月 28 日	贯彻落实党的十九届四中全会精神研讨会暨中国教育发展战略学会思想道德建设专业委员会 2019 年年会	中国教育发展战略学会思想道德建设专业委员会
30	2020 年 6 月 30 日	建立不忘初心、牢记使命的制度专题座谈会	天津大学党委
31	2020 年 9 月 24—25 日	“习近平扶贫论述暨高校定点扶贫实践”学术研讨会	国务院扶贫办中国扶贫发展中心、福建省扶贫办指导

续表

序号	时间	会议名称	合作单位
32	2020 年 10 月 23—24 日	第三届“中国话语高端论坛”	中央党校(国家行政学院)习近平新时代中国特色社会主义思想研究中心、中央党校(国家行政学院)马克思主义学院、中国马克思主义研究基金会
33	2020 年 12 月 18—20 日	“新时代中国特色社会主义劳动教育理论与实践”研讨会	厦门大学学生工作部、厦门大学团委、高校思想政治工作队伍培训研修中心(厦门大学)

附录

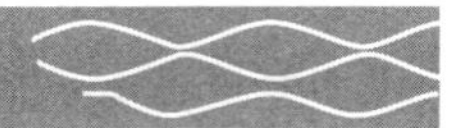

附录 1　政治课民主鉴定实施办法

一、目的

在于通过批评与自我批评，矫正政治课学习只注重理论认识的偏向，以达到“把理论学习作为改造思想的武器，把改造思想作为理论教育的目的”。

二、民主鉴定的主要内容共分四项

（一）学习方面：——20％

1.是否经常上课听讲？
2.课内外笔记是否齐全？
3.小组讨论准备是否充分？
4.是否认真做好发言提纲并踊跃发言？
5.是否乐意帮助别人学习？
6.是否做到光荣考试？
7.其他。

（二）思想方面：——30％

1.你对人民助学金评定工作是否认真负责？
2.坦白报告或思想检查是否认真深刻，勇于暴露自己？
3.对抗美援朝的捐献运动是否自觉自愿全力参加？
4.有无乡土地域观念？

5.其他。

（三）工作方面：——30%

1.是否主动争取工作，有无消极逃避或纯任务观点？

2.你对你所担任工作是否经常负责？

3.各种政治性群众性运动是否积极参加？a.挖防空壕运动；b.抗美援朝宣传；c.迎接红五月；d.教学检查；e.镇压反革命运动；f.参干运动等。

4.其他。

（四）工作问题：——20%

1.是否坦白诚恳光明磊落（不挑拨离间、吹牛拍马，不假公济私等）？

2.是否虚心接受批评，有事和大家商量？

3.是否有组织性和纪律性？

4.是否青年化和大众化？

5.其他。

三、方法与步骤

（一）方法——以学习小组为基本单位，采取自报公议的方式。

（二）步骤——民主鉴定安排在期末考试结束后进行，具体程序如下：

1.动员大会——在民主鉴定前，举行全体动员大会，说明民主鉴定的意义及其具体做法。

2.小组初评——由班教员列席指导，其方式如下：a.学生自我检讨；b.同学提供意见；c.民主投票评分（采用不记名方式和十级定分法）。

3.一次放榜——小组初评结果在系阅览室公布，广泛搜集反映同学各方意见。

4.大组复评——小组初评结果公布后，若发现某些同学有偏高偏低或个别同学对评定结果有异议者，可由班教员会同各小组长召开大组复评会，但一般只要以班教员小组长联席会议，作最后的决定。

5.再榜定案——小组初评或大组复评结果经班教员和小组长以及班教员联席会讨论通过后，即作为最后成绩公布。

四、防右与纠左

由于评分标准不够具体明确，在评定过程中，难免发生过高或过低的偏向，为了矫正这个缺点，我们特做如下具体的规定：

（一）小组初评采取逐项进行办法，比如评学习时，大家一体评学习，这样同一项可以互相比较定分，使大家思想较集中，评定结果比较慎重客观，不至发生很大偏差。

（二）至于如何矫正小组与小组之间可能发生的偏差问题，因为我们规定班教员必须列席参加他所领导的每一小组的民主鉴定过程，负责及时提供意见纠正偏差，并在小组初评后，召开班教员小组长联席会议加以调整，所以这个弊病大体上是可以避免的。

（三）最后就是如何补救系大组与系大组之间可能存在的标准不相一致的问题，我们打算根据同学所缴交的自我检讨提纲和小组鉴定的结果，在班教员联席会议上加以研究调整，尽量求其客观合理。

五、成绩计算

因为我们初次尝试实行民主鉴定的办法，很多都属于摸索创造经验的性质，所以在政治课成绩计算中所占的比重不宜太高。我们综合各方意见拟暂定占全部成绩的30％，期中考、大考试以及平时成绩暂定占全部成绩70％，实际比重要看评定的准确程度在班教员联席会上再加以调整确定。

原文载《新厦大》1951年8月10日，第4版

附录2 深化思政课教学改革 创新教学体系和教学模式 着力提升思政课的吸引力和感染力（摘录）

把准思政课教育教学目的是找准解决问题途径的关键，提升思政课的感染力是实现思政课教育教学目的的关键，而提升思政课的吸引力和影响力又是提升感染力的前提与关键。为此，我们把问题聚焦到提升思政课的吸引力和影响力上，并主要从四个方面来破解这一难题：强化思政课的针对性和实效性；提升教师的科研水平和教学水平；创新教学体系和教学模式；营造思想政治理论教育的浓厚氛围。

上述四个破解难题的途径需要通过改革创新来开辟，它们统一于思政课教学改革和创新的探索与实践之中。针对思政课教育教学工作所要破解的难题，学院经过深入思考和探索，确定了思政课教学改革的思路：深化思政课教学体系和教学模式改革，构建“课堂教学（专题教学）＋网络教学＋实践教学”三位一体的新的教学体系和教学模式。

要使思政课真正发挥影响人、感染人的作用，关键是要找准并讲透学生关注的重大理论和现实问题，解决学生的思想认识问题。为此，学院以专题化和问题导向式的教学方式来组织课堂教学，抓住教材的重点、难点问题，聚焦学生关注的重大理论和现实问题，针对社会热点和学生的疑点问题进行深度讲解和启发引导。为了讲好专题，我们着重抓好三件事：一是专题的设计既要紧扣教材大纲，又要突出针对性，抓准关键问题；二是强化科研和案例的支撑，既要把道理讲透，做到以理服人，又要理论联系实际，使理论借助现实的中介作用打动学生（现实往往比理论具有更为直接的影响力），达到以情感人的效果；三是组织好课堂的教与学活动。

在课堂教学的组织上，在教的方面，我们一方面规范和引导教师深入开展学术研究，以教师的科研基础作为选择教学专题的一个重要条件，同时规范和引导教师面向重大现实问题，深入实际开展实证调研，把科研和教学建立在理论联系实际的基点上；另一方面持续开展校内外专家进思政课堂活动，聘请校内相关学科的教授和校外马工程专家、国内一流高校与科研机构的马克思主义理论及相关学科专家、教学名师等来校给本科生上思政课专题，借助名家的深厚科研实力、对学科前沿的掌握和丰富的教学经验与高超的教学能力等优势，开阔学生视野，激发学生兴趣，增强思政课的吸引力和穿透力。在学的方面，我们注意调动学生学习的积极性和自主性，注重课堂互动，同时在每个阶段的专题教学之后都安排有一次课堂讨论，通过思想交流和互动，引导学生正确认识问题、化解疑点。

为填补专题化教学留下的知识性内容的教学空白并拓展深化课堂教学内容，我们开辟了网上教学平台。知识性的内容通过网上阅读、网络答疑、网上作业、网络测试等方式进行教学，同时通过网上指导、网络互动等方式拓展深化专题教学内容。在网络教学上，我们着重做好三个方面的工作：一是推出并及时更新网络教学资料，特别是网络题库，引导学生自主性探索性学习，为专题教学打好基础；二是培训教师和教学助理，组织好网络空间的互动讨论和网络答疑工作，并要求做到有问必答，网格对应，一网“答”尽，强化专题教学效果；三是争取办出特色，内容上要丰富多彩，形式上要生动活泼，四门课的网络教学平台又要有不同风格，以增强吸引力，让学生们爱上网络平台进行学习和互动。

实践教学是实现思政课知识体系向信仰体系转化的重要环节。要使学生增强对中国特色社会主义的认同和自信，关键在于要使学生深刻认识和理解中国特色社会主义的“特色”所在。这一方面要从理论上把道理讲明白，另一方面更为重要的是要使学生真正从现实中、从中国特色社会主义具体实践中去了解和体会。因此，实践教学在思政课教育教学中也就发挥着不可替代的重要的育人功能。而要实现好这一功能，关键在于：一要使思政课的实践教学紧密结合理论教学来组织，并覆盖全体学生；二要深入社会现实开展面向重大现实问题的实证调研，以使实践教学能帮助学生深入把握现实生活的本质，从而起到将理论知识转化为信仰的催化作用；三是教师要投入时间和精力，认真组织、深入指导。

在组织思政课实践教学过程中，我们努力满足上述这些要求。我们从本科生思政课的学分中划出 4 个学分，给每门本科生思政课分别分配 1 个实践教学学分，使每门思政课的教学都有实践教学的支撑，并使每门思政课的实践教学覆盖到修读该课程的每一位本科生。实践教学主要以课题调研的方式来进行。学院提出紧密结合教学需要和现实需要、具有鲜明教育教学导向的调研课题指南，引导和指导学生结合课题指南，围绕思政课教学大纲，面向现实问题、热点问题设计调研课题，并鼓励学生走出校门到社会现实特别是到基层和农村去开展深入的调研。

鉴于随堂开展的实践教学的调研活动由于受到时间和人数的限制只能安排

在学校所在地和附近城市进行，我们在四门思政课随堂进行的实践教学基础上，又在每学年的第三学期和暑期专门组织一轮深入的思政课实践教学活动。这一轮实践教学活动的特色在于：一是走出学校所在地，奔赴全国多个省份，到最能使学生受到教育和锻炼的地方，让学生得到最大的收获；二是在思政课教学大纲的基础上针对实践教学的目的，结合学院立项的各级课题和国家及地方战略需求，设计调研课题，力求使实践调研更加深入中国现实、触摸到国家和社会的深层脉动，使学生在深入的调研中深刻体认中国特色社会主义的“特色”所在，从而深刻认同这一道路、理论和制度，增强自信；三是推动了教学、科研与社会服务的紧密结合，起到了推进教学、科研、社会服务三位一体、三者相互促进的学院办学模式的载体作用。教学、科研与社会服务的紧密结合，消除了教学与科研两张皮和科研工作与国家需要相脱节的现象，极大地调动了教师的积极性，教师能够全身心地投入到实践教学的组织和指导等全过程，同学们也在课题调研过程中提高了科研能力、实践能力和创新能力。

厦门大学的思政课教学改革受到学校党委和行政的高度重视和支持，校党委常委会、校长办公会和学校思政课领导小组均专题研究了思政课教学改革及相关议题，学校思政课教学指导委员会多次开会审定思政课教学改革方案。经学校批准，并在教务处等部门的大力支持下，厦门大学思政课教学改革在2014—2015学年第二学期启动试点工作。在专题教学改革方面，“概论”课先行先试；在网络教学方面，“概论”和“纲要”两门课程同时率先启用网络教学平台；在实践教学方面，在过去几年组织开展的基础上，在广度和深度上加以了拓展和完善，一方面将实践教学扩大覆盖到四门本科生思政课，另一方面加大第三学期和暑期实践教学的经费投入和教学规模，深化课题调研活动。第三学期和暑期的实践教学活动早在去年就先行推出，学校为此投入近50万元，共组织了300多名本科生，组成9大实践教学团队，由马院教师为主带队、马院研究生协助，带着科研课题，奔赴全国16个省份开展实证调研。今年，学校进一步加大力度，经费投入达到100万元。学院共组织400多名本科生，组成13支大团队，陆续分赴全国各地开展以深入的课题调研为主要形式的实践教学活动。

为确保思政课教学改革的顺利进行和新的教学体系与教学模式的有效实施，学院从教师能力素质提升、体制机制创新、教学平台建设等方面，实施了一揽子的配套工程建设。

学院对教学组织模式和教学管理体制进行了配套改革。专题教学和网络教学按课程分别由各个教研室负责具体组织实施,责任落实到教学团队和个人。每个教师负责讲授1～3个专题,讲授同一专题(或相关专题)的教师组成教学团队,实行团队带头人负责制。教研室承担所负责课程的教学策划、组织、指导、协调、服务与管理和团队建设、课程建设及依托学科建设的组织管理职能。以此为基础,我们建立了教学团队、教研室和学院三级教学管理体制,并充分发挥教研室和教学团队的主体作用。

学院也对教学评价和奖励机制加以调整和完善,强化教学质量导向和学生教学质量测评的杠杆作用,完善教学工作表彰奖励机制,重点奖励教学质量突出、教学效果特别优秀的教师。

在思政课教学平台的建设方面,学院与学校有关部门积极配合,适时改进网络操作等技术层面的工作,不断完善网络平台的软硬件条件;积极推进实践教学基地建设,目前已在省内外建立了10来个思政课实践教学基地,并与国家林业局农村林业改革发展司联合确定了全国168个村庄作为实践教学点。实践教学基地采取校地共建的方式,按教学、科研和社会服务三位一体的模式运作。学院和对方共建单位共同指派专人负责基地的建设和实践教学活动的组织管理,双方分别选派教师和有关专家负责对实践教学活动进行指导。将实践教学的课题调研活动与开展服务国家和地方改革发展需要的科研工作结为一体,打通实践教学与资政服务,使之通过课题调研的途径实现一体化运作。为扩大实践教学成果的运用,基地同时承担为地方共建单位所在地区培训干部的任务,地方共建单位所在地区也积极推荐有关专家不定期地来校参加思政课教学。学院还利用校团委所建立的大学生社会实践基地组织开展思政课实践教学活动。目前,学院正在积极申请设立思政课教学改革实验室。

经过一个学期的试点(暑期实践教学已开展了两年),思政课教学改革的成效得到了很好的体现。思政课教学的吸引力明显增强了,以问题为导向的专题化教学和校内外专家进思政课堂,很受学生的欢迎,不同老师轮流进课堂既消除了学生的视觉疲劳,也开阔了学生的思路和视野;教学针对性的加强,课堂互动的开展,课堂气氛也随之逐渐活跃起来。网络教学平台的点击率不断攀升,同学们通过阅读、讨论和测试,充实了思政课的基本知识,拓展深化了课堂教学内容。实践教学既帮助同学们深入了解中国国情,坚定了理想信念,又训练了他们的实践能力和科研能力，实践教学成果中一批调研报告正在进行深化研究和完善，即将交付出版社正式出版。特别是有多篇资政报告受到国务院扶贫办、国家林业局等部委办有关领导和福建省主要领导的重视和批示，为有关部门所采纳，多份调研报告在厦门大学第十四届“挑战杯”竞赛中获得特等奖及其他奖项，其中一份调研成果荣获第十二届“挑战杯”福建省大学生课外学术科技作品竞赛特等奖，并入围全国“挑战杯”竞赛评奖之列。

在试点取得良好成效的鼓舞下，下学期，“原理”、“纲要”和“基础”等三门本科生思政课将全部实行专题化教学，其中“原理”和“基础”两门课程也将同时启用网络教学平台。明年，将配合思政课教学体系的改革，以专题教学为基础，覆盖网络教学和实践教学的内容，启动思政课立体化配套教材体系的编写工作。实践教学将进一步拓展和深化，不断扩充并做实做强实践教学基地和实践教学点，充分利用校地双方的优质资源增强思政课教学的实效性和感染力，不断增强思政课实践教学在人才培养、科学研究和社会服务三位一体工作中的载体作用。

（本节摘自《“三位一体”改革创新助推厦门大学马克思主义学院跨越发展——厦门大学马克思主义学院实施改革创新工程情况》，马克思主义学院编《工作简报》第 8 期，2015 年 8 月 22 日）

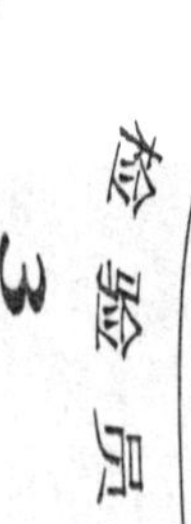

附录3 问题导向推进实践教学 让师生动起来(摘录)

厦门大学重视社会实践的重要性,把实践教学列入教学改革重点,制订和实施了《厦门大学思想政治理论课实践教学实施办法》,落实实践教学学分。实践教学覆盖全体本科生。教师根据课题组学生平时表现,以及提交课题研究报告的内容评定成绩,成绩合格即可取得相应学分。

问题导向实践教学的问题包括二大类,一类是马克思主义中国化进程中的重大理论和现实问题,另一类是青年思想成长过程中的重大现实问题。前者是思想政治理论课的活水,要在熟悉马克思主义文本和基本理论的基础上,研究马克思主义在中国化进程中碰到的理论和现实问题,目的是要用彻底的理论说服教育人,后者是思想政治理论课教育对象的特点决定的,只有了解和把握我们所教育青年的思想实际,思想政治理论教育才有针对性。

我们从四个渠道收集问题,一是马克思主义学院教师在教学实践遇到的难点问题,包括他们在科研领域正在研究和拟研究的课题;二是学校各职能部门包括辅导员在内的教辅人员在具体工作中所碰到的思想政治工作问题;三是学校各专业院系教师需要研究的符合思政课特点的科研课题;四是学生在思想政治理论课学习生活中遇到的热点难点问题。通过上述渠道收集到的问题具有政治性、开放性、时代性和创造性。不断跟踪现实问题,在实践中检验和回答现实问题是思想政治理论课充满活力的源泉。

问题导向的实践教学课题组由教师、研究生、辅导员和学生共同构成,每组10人,带队教师、指导教师和课题组助理各司其职,学生在教师的指导下开展实践活动,通过自愿选题,文献阅览、师生讨论、问卷调查、访谈和观察记录等方法,深入社会实际进行资料收集、问题分析、总结归纳、观点提炼、报告撰写等,学生要完成选题论证,前期规划,设计问卷,搜集资料,实地调查,分析数据,讨论总结,撰写报告、制作PPT,汇报讲演等一系列教学环节,并以学生小组为单位撰写社会调查报告。

问题导向实践教学改革是一个系统工程,需要整合全校的教育教学资源,合力推进。在教学改革的过程中,厦门大学学校领导高度重视,多个部门共同协作,形成多部门合力推进的良好局面。问题导向的实践教学真正体现了校内协同合作。

摘自：福建省委教育工委、省教育厅《高校思想政治理论课教学改革经验做法选编》(2014 年 4 月)

附录 4 马克思主义学院党组织历任领导任职情况

附表 4-1 马克思主义学院党组织历任领导任职情况一览表

<table>
<tr><th>任职机构</th><th>职务</th><th>姓名</th><th>任职时间</th></tr>
<tr><td>中国革命史教研室党支部</td><td>书记</td><td>王新整</td><td>1955.01—1956.02</td></tr>
<tr><td rowspan="4">马列室党支部</td><td rowspan="3">书记</td><td>王新整</td><td>1956.02—?</td></tr>
<tr><td>梁敬生</td><td>1959.09—1959.12</td></tr>
<tr><td>盛新民</td><td>? —1960.08</td></tr>
<tr><td>副书记</td><td>陈孔立</td><td>1955.09—1958.01</td></tr>
<tr><td rowspan="3">马列室、哲学系党总支</td><td>书记</td><td>邹永贤</td><td>1960.08—1961.07</td></tr>
<tr><td rowspan="2">副书记</td><td>朱天顺</td><td>1960.08—1961.07</td></tr>
<tr><td>黄志仁</td><td>1960.08—1961.07</td></tr>
<tr><td rowspan="9">马列室党支部</td><td rowspan="9">书记</td><td>张澄清</td><td>1961.07—1962</td></tr>
<tr><td>周达西</td><td>1965.10—1969.02</td></tr>
<tr><td>白兰</td><td>1973.10—1975.01</td></tr>
<tr><td>罗芬</td><td>1975.01—1976.04</td></tr>
<tr><td>陈章干</td><td>1978.09—1981.09</td></tr>
<tr><td>黄志仁</td><td>1981.09—1984.12,代理</td></tr>
<tr><td>欧阳佑民</td><td>1984.12—1988.11</td></tr>
<tr><td>吴仲平</td><td>1989.09—1990.05</td></tr>
<tr><td>黄九如</td><td>1990.05—1990.12</td></tr>
</table>

续表

任职机构	职务	姓名	任职时间
马列室党支部	副书记	蔡清志	1965.10—1969.02
		罗芬	1973.10—1975.01
		游泽民	1987.09—1990.05
		吴仲平	1988.11—1989.09
		李来伙	1990.06—1990.12
马列部直属党支部	书记	黄九如	1990.12—1991.10
		李来伙	1991.10—1994.02
		陈宣明	1994.02—2001.11
		徐朝旭	2001.11—2005.06
	副书记	李来伙	1990.12—1991.10
		陈宣明	1993.11—1994.02
马克思主义学院党总支	书记	许和山	2011.08—2014.10
	副书记	原宗丽	2013.07—2014.10
马克思主义学院党委	书记	许和山	2014.10—2018.12
		侯利标	2018.12 至今
	副书记	原宗丽	2014.10—2020.05
		张有奎	2018.12 至今
		杨建中	2020.05 至今

附录 5　马克思主义学院历任行政领导任职情况

附表 5-1　马克思主义学院历任行政领导任职情况一览表

<table>
<tr><th>任职机构</th><th>职务</th><th>姓名</th><th>任职时间</th></tr>
<tr><td>大课教学工作委员会</td><td>主委</td><td>熊德基</td><td>1950.09—?</td></tr>
<tr><td rowspan="3">政治教学工作室</td><td>主任</td><td>张玉麟</td><td>1952.06—1956.02</td></tr>
<tr><td rowspan="2">副主任</td><td>袁镇岳</td><td>1952.06—?</td></tr>
<tr><td>郑道传</td><td>1952.06—?</td></tr>
<tr><td rowspan="2">马列主义教研室</td><td>主任</td><td>张玉麟</td><td>1954.03—?</td></tr>
<tr><td>副主任</td><td>邹永贤</td><td>1956.02—1958.12</td></tr>
<tr><td rowspan="2">政治课教研室</td><td>主任</td><td>邹永贤</td><td>1958.12—1959.12</td></tr>
<tr><td>副主任</td><td>朱天顺</td><td>1958.12—1959.12</td></tr>
</table>

续表

任职机构	职务	姓名	任职时间
马列主义教研室	主任	邹永贤	1959.12—1960.09
		朱天顺	1960.05—?
		黄志仁	1965—1969
		白兰	1973.10—?
		邹永贤	1975—?
		梁敬生	1978—?
		林超	1981.01—1983.02
		黄志仁	1984.12—1986.04
		黄强	1986.09—1990.05
		黄九如	1990.05—1990.12
	副主任	黄志贤	1959.12—?
		邹永贤	1973.10—?
		罗芬	1973.10—?
		鲍振元	1973.10—?
		林德忠	1978.09—?
		林超	1978.09—1981.01
		刘宝树	1978.09—?
		黄志仁	1981.04—1984.12
		黄光贤	1984.11—1989
		吴仲平	1986.09—1988.11
		骆沙舟	1988.11—1990.05
		黄九如	1987.02—1990.05
		陈铁民	1989.11—1990.12

续表

任职机构	职务	姓名	任职时间
马列主义理论教研部	主任	黄九如	1990.12—1996.05
		苏劲	1996.05—2005.06
	副主任	陈铁民	1990.12—1996.05
		王乌凡	1991.10—1996.05
		徐朝旭	1996.05—2005.06
		何其颖	1996.05—2005.06
马克思主义研究院	院长	陈振明	2008.08—2011.08
马克思主义学院	院长	陈振明	2011.08—2013.09
		白锡能	2013.09—2018.12
		徐进功	2018.12 至今
	常务副院长	张有奎	2018.12 至今
	副院长	张有奎	2011.08—2018.12
		石红梅	2011.08—2020.05
		张艳涛	2016.09 至今
		原宗丽	2020.05 至今

附录 6　马克思主义学院教职工情况

附表 6-1　马克思主义学院教职工名录

所在机构	姓名	性别	职称	职务
党政办公室	徐进功	男	教授	校党委副书记 院长
	侯利标	男		党委书记
	张有奎	男	教授	常务副院长 党委副书记
	杨建中	男		党委副书记
	原宗丽	女	副教授	副院长 妇委会主任
	张艳涛	男	教授	副院长
	杨晨	男	副教授	工会主席
	王筱辉	女		办公室主任
	蔡虎堂	男		团委书记
	江春萍	女		党务秘书
	熊欢	女		教学秘书
	张冬映	男		
	郑炳辉	男		
	邹慧芳	女		
	吴院琴	女		

续表

所在机构	姓名	性别	职称	职务
党政办公室	胡艳婷	女		
	李斯倩	女		
	蓝滢	女		
	张夏彤	女		
	陈惠萍	女		
马克思主义基本原理教研部	林密	男	教授	副主任
	宋建丽	女	教授	主任
	张艳涛	男	教授	支部书记
	张有奎	男	教授	
	白玉国	男	副教授	
	傅丽芬	女	副教授	副主任
	洪楼	男	副教授	
	李仙飞	女	副教授	
	李欣	男	副教授	
	肖斌	男	副教授	
	杨胜良	男	副教授	
	邹文英	女	副教授	
	黄莹	女	助理教授	
	蔡海锋	男	助理教授	

续表

所在机构	姓名	性别	职称	职务
马克思主义中国化教研部	冯霞	女	教授	支部书记
	石红梅	女	教授	
	徐进功	男	教授	
	纪能文	男	副教授	
	蒋昭阳	男	副教授	主任
	李德元	男	副教授	
	刘洪刚	男	副教授	副主任
	罗礼太	男	副教授	思政课实践教学中心主任
	孟永	男	副教授	
	邱志强	男	副教授	
	吴茜	女	副教授	
	肖盈	女	副教授	
	杨晨	男	副教授	
	晏振宇	男	副教授	
	原宗丽	女	副教授	
	赵颖	女	副教授	副主任
	李建	男	助理教授	
	庄三红	女	助理教授	思政课教学改革中心副主任
	朱东波	男	助理教授	

续表

所在机构	姓名	性别	职称	职务
思想政治教育教研部	徐雅芬	女	教授	
	罗文	男	副教授	思政课教学改革中心主任
	吕微平	女	副教授	
	苗瑞丹	女	副教授	支部书记 副主任
	王奇琦	女	副教授	
	曾炜琴	女	副教授	主任
	章舜钦	男	副教授	
	周天庆	男	副教授	
	郑雁	女	副教授	
	池骋	男	助理教授	
	王圣宠	女	助理教授	

续表

所在机构	姓名	性别	职称	职务
中国近现代史教研部	周雪香	女	教授	主任
	佳宏伟	男	副教授	
	贾凯	男	副教授	支部书记 副主任
	李小平	女	副教授	
	王明前	男	副教授	
	晏爱红	女	副教授	
	叶兴建	男	副教授	
	董兴艳	女	助理教授	
	郑伟	男	助理教授	
	连文妹	女	研究型助理教授	
形势与政策教研部	朱东亮	男	教授	
	王亚群	女	副教授	副主任
	杨玲	女	副教授	
	吴文琦	女	副教授	主任
	袁华	女	副教授	
	黄佳佳	女	副教授	

续表

所在机构	姓名	性别	职称	职务
军事教研室	陈国林	男	副教授	
	高继光	男	副教授	
	何锋	男	副教授	
	谢素蓉	女	副教授	支部书记 主任
	李皓	男	讲师	
	邵贵文	男	讲师	副主任
	李凡卓	男	助理教授	
	彭荣础	男	助理教授	
退休教工	白锡能	男	教授	
	蔡碧川	男	助教	
	陈秀琴	女	副教授	
	陈宣明	男	副教授	
	陈奕练	男	副教授	
	戴双美	男	副教授	
	黄光贤	男	副教授	
	何其颖	女	教授	
	洪虹	女		

续表

所在机构	姓名	性别	职称	职务
退休教工	李淑媖	女	教授	
	李智贞	女	副教授	
	林之愉	女		
	陆文华	女	讲师	
	欧阳佑民	男	副教授	
	苏劲	男	教授	
	孙春明	男	副教授	
	吴凌	女	副教授	支部书记
	吴温暖	男	教授	
	肖学信	男	副教授	
	郑奠	女		
	郑以灵	女	教授	
	曾振东	男	副教授	
	张爱华	女	教授	

后　记

厦门大学具有马克思主义理论研究宣传的光辉历史与优良传统，曾经诞生了福建省第一个中共支部，涌现出以王亚南为代表的一批杰出的马克思主义理论家和著名学者。王亚南老校长毕生从事马克思主义政治经济学的研究和传播，他和郭大力合译的《资本论》，是马克思经济学说在中国系统传播的里程碑。

新中国成立以后，厦门大学全面贯彻党的教育方针，严格按照中央和教育部的指示精神，在学生培养中开设思想政治理论课（政治理论课），并且一开始就设立了相应的教学研究机构加强管理。其间，教研机构历经发展变化，几度更名，直至 2011 年 8 月成立了马克思主义学院。

本书主要从历史沿革、师资队伍与学科建设、思政课教学与改革、科学研究等 4 个方面，简要梳理了马克思主义学院及其前身 70 年的风雨历程，对学科建设和办学发展进行了一次粗浅的总结，以期缅怀前辈先贤筚路蓝缕之功，激励同仁后学继往开来之志。

本书资料来源一为报刊，主要是《新厦大》、《厦门大学》和《厦门大学报》等校刊上的新闻报道；二为厦门大学档案馆所藏有关教务、人事等档案；三为资料汇编，如教育部有关思想政治理论课的相关文件汇编、厦门大学校史资料选编等。为便于阅读，对资料只做了语言的规范性处理。除文中另有说明外，数据统计时间原则上截至 2020 年 12 月 30 日。

本书由侯利标、李小平共同编写，侯利标负责最后统稿。由于编写者承担的日常行政事务和教学任务较重，因而写作时间比较仓促。加上历史上思政课教学机构变动频仍，文档资料散佚严重，更关键的是编写者本身水平有限和经验不足，尽管史实叙述力求客观严谨，但错漏之处肯定不少，只好留待日后寻机完善，恳请大家谅解。

本书在编写过程中,承蒙马克思主义学院办公室的诸位同仁协助提供了近年来学院工作总结和相关文档资料,何其颖老师提供了部分老照片,厦门大学档案馆的曾晓秋老师也为查阅历史档案给予热情帮助,编写者在此深表谢意。

编者 谨识

二〇二一年四月